U0624847

阳光未来丛书

做个读懂孩子
会沟通的好父母

晶　晶/编著

内蒙古人民出版社

图书在版编目（CIP）数据

做个读懂孩子会沟通的好父母 / 晶晶编著. --呼和
浩特：内蒙古人民出版社，2021.10
（阳光未来丛书）
ISBN 978-7-204-16841-5

Ⅰ. ①做… Ⅱ. ①晶… Ⅲ. ①家庭教育 Ⅳ. ①G78

中国版本图书馆 CIP 数据核字（2021）第 172196 号

阳光未来丛书
做个读懂孩子会沟通的好父母

编　　著	晶　晶	
图书策划	石金莲	
责任编辑	晓　峰　杜慧婧	
封面设计	宋双成	
出版发行	内蒙古人民出版社	
地　　址	呼和浩特市新城区中山东路 8 号波士名人国际 B 座 5 层	
印　　刷	内蒙古爱信达教育印务有限责任公司	
开　　本	710mm×1000mm　1/16	
印　　张	11.5	
字　　数	180 千	
版　　次	2021 年 10 月第 1 版	
印　　次	2022 年 2 月第 1 次印刷	
印　　数	1—2000 册	
书　　号	ISBN 978-7-204-16841-5	
定　　价	32.00 元	

如发现印装质量问题，请与我社联系。联系电话：(0471)3946173　3946120

前　言

孩子成功的前提首先是家长的成长和成熟，父母进步是孩子进步的前提！成功家长之所以有别于那些痛苦失败的家长，关键在于他们善于发现自己的问题，积极改正自己的缺点，所以才能成功地成为一名轻松快乐的家长。而这一切都是要从学会跟孩子说话开始！

对于父母来说，孩子就像是一棵正在成长的小树，越早纠正他们的不良习惯，孩子才能越健康地成长！贪玩是孩子的天性，父母要真正理解孩子。一个小小的改变，或许就能让孩子不再贪玩，更专注、专心地学习。磨蹭是阻碍孩子成长的坏习惯，及时矫正可以让孩子养成高效做事和珍惜时间的习惯，对于孩子一生的成长都有帮助。依赖是独立的反义词，越早告别依赖，孩子会越早走向独立。作为父母，应该给孩子更多的机会，让他成为有独立思想和习惯的人。

人类天生就善于沟通。婴儿盯着你的眼睛看，在那一瞬间，镜像神经元向你飞速地传递视像信息，他在发出咿咿呀呀的声音。你本能地重复着他的声音、姿势和表情。很快你们就会用单词来交流，然后就是句子。尽管交流是最自然的技能，但是与孩子说话这件事情，需要大人的投入、深思熟虑和耐心。你一言我一语的往来之中，需要自律和良好的聆听技巧，不管是轻松愉快、滑稽捧腹，惹人生厌，严肃深刻，令人心碎，感同身受，令人难堪但有价值，还是发人深省的谈话，都要保持欢迎的态度。这些交流丰富了家庭的生活，加深了孩子与家人之间爱与信任的联结，使孩子更充分认识自己的情感和志趣。

每个孩子都有由儿童向成人过渡的时期，幼年教育的成功与否决定着孩子的一生。成长中的孩子身心发生着迅速的变化，这些变化会使少年产生困扰、自卑、不安、焦虑等心理问题，严重的还会产生叛逆、自闭等等不良行为。

本书针对成长中孩子的心理，从家庭生活、学习生活、情绪状态、为人处世、与异性交往、生理困惑等六大方面入手，指导父母拨开孩子心灵上的迷雾，看到孩子真实的内心世界，从而更好地陪伴孩子成长。书中收录了成长中孩子的生活故事，通过这些真切的家庭故事，与读者一起探讨故事背后的原因，揭示孩子种种行为背后所隐藏的秘密，进而向读者展示一条条教子之道。

本书能够顺利在一年多的时间里编写完成，离不开诸多学者和创作伙伴的精心协作和努力。在这里要特别感谢徐凤敏、陈镭丹、贾瑞山、晶晶、元秀、张大力、邓颖，感谢你们的努力与付出。在此付梓之际，一并向你们表示衷心感谢！

编委会

目　录

第一章

与孩子良好沟通很重要

阳光未来丛书

做个读懂孩子会沟通的好父母

YANGGUANG WEILAI CONGSHU

ZUOGE DUDONGHAIZI HUIGOUTONG DE HAOFUMU

学会与孩子沟通的技巧

"我觉得很痛苦,明明很简单的一个问题,往往我说很多遍,别人都不明白我的意思,我不知道到底该怎么表达,怎么和别人沟通,才能让别人理解我……"实际生活中,经常有孩子会这样抱怨:

"为什么别人就是不能理解我呢?这件事情本来就不是我的错啊!"

"唉,如果能听我的话,我们至少能提前半天完成任务,可是,他们就是不愿意按照我的意思来做,真不知道他们是怎么想的!"

"我最好的朋友不理我了,说我不重视他,看不起他。天知道,我可从来没有过这样的想法!"

是啊,为什么我们的本意总是被曲解?为什么我们的观点总是不被人接受?为什么我们的行为总是会遭到别人的质疑?

其实,这就和我们不懂一些沟通技巧有很大的关系。

在与人交往的过程中,一定的沟通技巧必不可少,如果我们不知道如何和别人沟通,那么,我们和亲人、朋友之间的感情必定就会产生一些隔膜,严重者会影响到正常的生活。

这对我们今后的发展来说意味着什么,想必大家心里也很清楚。

既是如此,我们该如何做,才能提高自己的沟通能力,成为沟通高手呢?

(1)学会倾听,让你和别人的距离更近一步。人类学家研究发现,有些人之所以不善于沟通,就在于他们不善于倾听。

这些人在与别人交流的时候,总想着要把自己的所思所想一股脑地说出去,却从不用心去聆听别人的感受和观点。

这也就造成了在交流的过程中,个人主观性太强,不能很好地去体会别人的感受。在这样的状态下,交流也就达不到应有的效果。

真正高效的沟通是要求我们巧妙地将"听"和"说"结合，而不是无所顾忌地谈话。

学会倾听就是迈出良好沟通的第一步。

在这个过程中，掌握这样几个沟通小窍门对我们就很有帮助。

①你不必知道所有的答案

或许别人所谈到的话题恰恰是我们所不熟悉的，这个时候，坦诚地说"我不知道"也是很好的。

如果你想了解什么就说出来，然后说出你的想法。

②对事实或感受做正面反应，不要有抵触情绪

首先，对于别人的倾诉给予积极正面的回应，例如，说"多告诉我一些你所关心的事"或是"我了解你的失落"总比说"喂，我正忙着呢"或"这不是我分内的事"（这很容易激怒对方）要好。

其次，在聆听别人谈话时，适当地给予别人你的意见，表现出你对他的关心，表示出你在倾听。

比如，我们可以这样说：

A. "告诉我更多你所关心的事。"

B. "你所关心的某某事是怎么回事啊？"

C. "我对你刚才说的很感兴趣，你能告诉我，你为什么这么喜欢它吗？"

D. "你为什么对某某事感到不满意呢？"

（2）懂得尊重他人，是良好沟通的关键。

①求同存异

无论观点还是喜好，每个人之间都会有所差异，想要别人完全和我们一致是不大可能的。所以，在和别人沟通时，我们完全没有必要揪着那些差异不放，我们大可以找到两个人的共同之处，在共同之处上发表我们的看法和建议。这样的话，不仅能达到有效的沟通，还能让双方的关系更上一层楼。

②不要总是以自我为中心

几乎每个人下意识里都会犯这样一个错误，那就是凡事总是以自我为中心。

但是，如果我们在沟通的时候，能够很好地把自己认为最重要的事情说出来，同时也问一问对别人来说什么才是最重要的，既顾及自己，又顾及他人，这样才会给沟通打下良好的基础。

教孩子学会和气说话

语言，是拉近距离最好的手段，亦是获得人脉的利器，但其前提是和善的语言。因此，父母若想孩子今后能成就大事，就应培养他们学会说和善的语言！

明哲出生在一个书香世家，爸爸是一位小有名气的书法家，妈妈则是某大学文学系的教授。从小到大，他在父母的熏陶之下言谈举止都彬彬有礼。然而，自从他由小学升到初中，由于在家的时间开始减少，再加上受到了不良风气的影响，他渐渐将那些不文明的语言挂在了嘴边，而且，为了显示自己的男性魅力，他还常常配合这些语言做出粗鲁的动作。

面对儿子的改变，父母是看在眼里气在心里，但他们更多的是一种担心，他们担心自己多年以来的精心培育会就此毁于一旦。为了纠正明哲这种语言上的错误，他们决定重新培养儿子的语言习惯，让他学会运用文明礼貌的措辞，以及能够受到大家欢迎的和善言语。

从那以后，父母便开始行动了，如妈妈在让明哲帮助自己做什么事时，总会对他说："请你帮我……好吗？"或者说："请你……好吗？"而不会像以前那样顺口丢出一些生硬的句子，也更不会再用强硬的命令语气让他去做事。当明哲做完了某件事以后，妈妈也总会说一声"谢谢"。

不仅如此，不管遇到什么事情，即便是一些微不足道的小事，父母都会和明哲商量一下，如父子在一起看电视时，如果爸爸想换一个电视节目，便会先对他说："明哲，我们换个频道看看好吗?"对于父母的这种转变，明哲心里非常清楚他们的用意，并觉得他们是故意这样做的，便没有想改变自己。

在去年的圣诞节时，爸爸给明哲买了一个篮球作为礼物。这天，爸爸参加同学聚会回家后，突然想跟昔日的同窗来一场比赛，于是，他便当着大家的面问明哲："明哲，能不能把篮球借给我们玩一下?"

同窗好友们顿时都感到十分惊诧，便问道："儿子的不就是你的，还用借?"

此时，爸爸笑着回答："既然是送给孩子的礼物，它就是孩子的物品，所以，不管是谁要使用这个物品，都必须先跟孩子商量。"

爸爸的一席话，让明哲感到自己备受尊重，与此同时，他的心也悄悄地动摇了。

一段时间以后，父母欣慰地发现，明哲又重新变回了彬彬有礼的好孩子!

英国著名生物学家、哲学家赫胥黎，临终前以一句话回顾了他一生的学习过程："让我们彼此更加善待对方。"罗宾·夏玛在他的《改写生命的一百零一个忠告》中说："我们常常相信必须建立丰功伟业，以跃上杂志封面或报纸头版才算是真正圆满地过一生，没有什么比这更偏离事实了，有意义的生命由日常正派和善的举止串联而成，这些举止在生命的流程中，聚沙成塔，变得真正伟大。"

由此可见，善是成就大事的有力武器，其中当然也包括了和善的言语。对孩子来说，最有亲和力的语言莫过于文明用语，因此，父母若想孩子今后前程似锦，就应当注重培养他们运用礼貌的措辞。一个有教养的孩子，必须有良好的文明礼仪，而这样的孩子往往都比较受人欢迎，这便是心理学上所说的"被众人接纳的程度高"，但文明礼仪要从小培养，才能逐渐形成。

然而，有些家长认为，现代社会是个自由的社会，懂不懂礼仪没关系，只要学习好、有真本事就行了；有些家长则认为，小孩子天真无邪，长大了就会懂得文明礼仪的。其实，这都是家庭教育的误区，一方面，孩子的文明礼仪需要从小培养，否则，一旦形成了坏的习惯就再难改变了；另一方面，越是懂礼仪的孩子，越能获得自由发展的广阔天地，因为他们会受到他人的尊重和欢迎。

因此，家长在培养孩子的语言能力时，一定不要忘记了礼貌用语这一环！

一直以来，语言都是家庭教育中的重点，但父母往往都只关注语言的本身，却忽视了语言背后的深刻含义——和善。因此，培养孩子的语言能力，绝不能忘了如此重要的一课，唯有让孩子明白不因被欺骗而丧失善良的心，不让片刻的乌云遮住明媚的阳光和晴朗的天空，孩子生活中的美好才会越来越多！

孩子的和善就体现在礼貌上，对此，父母应从下面几点开始培养：

（1）为孩子树立一个良好的榜样。父母都是孩子的榜样，父母良好的行为举止，是对孩子最生动、最有效的教育。因此，父母要注意提高自身的修养，使用文明的语言，在家庭中不要讲粗话、脏话，家人之间多使用礼貌用语，说话要和气，这样才能通过自己的行为潜移默化地影响孩子，让孩子在良好的环境中，养成文明用语的习惯。

（2）一定要净化孩子的语言环境。不文明的语言，一般都来源于周围的环境。要想让孩子成为一个文明礼貌的人，首先要净化孩子周围的语言环境，当父母发现孩子说脏话时，要找出孩子说脏话的“根源”，尽量让孩子远离或少接触那种不良的语言环境，如父母可以有意识地限制孩子与经常说脏话的同学来往，也可以和教师取得联系，借助老师的力量促进其他孩子养成文明礼貌的习惯等。

（3）培养孩子运用礼貌的措辞。父母应要求孩子使用文明礼貌用语，如“您好”“谢谢”“请”“对不起”“没关系”等，在向孩子强调文明礼貌的常识时，父母不要用教训、命令的口吻，而是要循循善诱、谆谆教导。同时，父母还要让孩子明白，人与人之间若出现互相挤撞，不要恶言相向，要抱有理解、宽容的态度；要求孩子做到行为文明，如和人见面时主动打招呼，和别人说话时专心，爱护公共环境，遵守交通规则等。

（4）父母必须学会尊重自己的孩子。文明礼貌看起来是一种外在的行为表现，实际上却反映了一个人的内心修养。有自尊的孩子会尊重自己，维护自己的人格尊严，而懂得尊重他人的孩子，在说话时往往也会顾及他人的感受，因此，父母在生活中要做到尊重孩子。与此同时，在家庭中父母也要互相尊重，因为父母之间的尊重，亦会在潜移默化中给孩子以良好的影响。

如何加强女孩的语言表达能力

女孩似乎生来就具有丰富的语言表达能力。她们总是能用自己丰富的语言，表达自己的情感，更好地与别人沟通，相对于男孩的"笨嘴拙舌"，她们总显得那样的冰雪聪明、蕙质兰心。或许，语言本就是上天赋予女孩的一笔特殊财富。

但是，这并非所有的女孩生来就具备好口才，由于生理构造的不同，决定着女孩在语言表达能力上强于男孩，但是，那种准确地表达自我、与人沟通的能力，还是需要后天培养的。

父母的语言水平、文化修养、家庭藏书情况，父母对女孩教育的兴趣等等，都对女孩的语言能力发展有很大的影响。父母如果说话粗俗、词汇贫乏，必然会给女孩带来负面影响。所以，父母一定要注意提高文化素养，注意语言美，使自己说的话能成为女孩模仿的典范。家长与女孩说话时，要特别注意讲究说话的艺术，为女孩的语言能力的发展提供条件。和女孩说话时要比较慢，口齿清楚，语调温和亲切。不可用严厉的语调对女孩说话，也不要恐吓或者在她面前讲别人的坏话。家长对女孩说话，要多用积极鼓励性的语言，少用消极的、禁止性语言；多用提问的方式，少用命令的方式。语言对女孩的行为有强化作用，对好的行为，父母要多讲、多鼓励；对不好的行为，要尽量避免去强化它，最好是少议论，或是从其他角度，从积极方面去讲。

俗话说："良言一句三冬暖，恶语伤人六月寒。"一句话，可以成事，也可以败事。一个人的语言表达能力不是先天的，而是可塑造的。因此，父母有意识地强化女孩的表达能力，将对女孩的人际交往起到很大的帮助。

（1）不做女孩的"代言人"。要想让女孩能够毫无障碍地表达自己的语言，父母就不要做女孩的代言人。当女孩想说什么但找不到合适的词时，请不要马上直接替她说出来，应引导女孩学习和使用新词，一旦掌握了新词，要及时地鼓励她。

（2）多给女孩表达自我的机会。家长可以充分利用女孩周围生活的人和物，丰富女孩的生活经验，为女孩提供说话的材料，培养女孩口头表达的能力。例如，节假日家长可以带女孩去公园玩，然后让女孩讲述在公园里看到了什么。

（3）让女孩多读、多看、多背，促进语言能力的发展。课本中很多文章都是语言优美、逻辑性强、句子精练的好文章。因此，让女孩朗读课文、诗歌，并在理解的基础上背诵下来，使一些名言警句深深地印在女孩的脑海中，就可为女孩的语言发展和口头表达能力打下基础。

（4）让女孩融入自然中。要让女孩多接触大自然，散步、参观都是很好的方式。家附近、动物园、植物园，随女孩任意漫游。给女孩一种完全不同的生活体验，当她在这种完全不一样的体验中感受到乐趣时，自然也就产生了表达的意愿。

女孩天生性情各异，有的能说会道，有的沉默寡言。对于不爱说话的女孩首先应找出其原因，然后再加以引导。家庭的熏陶对女孩的一生都起着重要的作用。因此，父母要特别注意自己在女孩面前的言行谈吐，给女孩营造一个良好的语言环境。

让孩子大胆地主动开口说话

不肯主动讲话的孩子一般性格都比较内向，平时少言寡语，不轻易向别人吐露真情。然而，这些孩子内心里又强烈地渴望得到他人的理解和关心。所以，家长应该主动了解孩子的内心状态，和孩子进行深入地沟通。千万不要用粗鲁、蛮横的态度对待孩子，让孩子主动说出真实的想法和感受。家长需要做的就是对待孩子要耐心、耐心、再耐心！

（1）克服孩子怕生的心理。在幼儿园门口，常有一些父母虽然恼怒但又必须面带笑容地哄那些哭闹着不肯入园的孩子。在心理治疗中心，也常有家长带着孩子来咨询，例如，有个 6 岁的小男孩，在家淘气，在学校却又胆小怕事；另一个小女孩由外婆带，偏食、怕见生人、语言表达能力差……

这个年纪的孩子人际交往的能力不佳，一般有以下几种因素：一是智力或基本能力有问题，不知如何表达自己的意思，或表达不好，怕人嘲笑，于是更胆小；二是由于交友受挫，导致害怕与人交往；三是没有交友的动机，不觉得交朋友有何好处，觉得自己一个人也可以玩，或纯粹个性内向，不喜欢与其他小朋友玩。就外界因素而言，则存在以下情况：楼房代替了四合院，邻里之间不相往来；家长怕孩子出危险，不让孩子出去玩；保姆代替了父母的劳动，却弥补不了父母的情感，造成孩子的情感饥饿……

怕生不仅表现为怕见陌生人，还表现为怕接触新环境、怕尝试新事物。怕生这种现象，在孩子只有 6 个月大的时候就开始出现了。孩子 6 个月大时，就会分辨父母、家人和陌生人。当他面对陌生人或新的事物时，会不知所措，会哭泣和躲避，这种情形会持续相当一段时间。孩子 2 岁以后，他的社会需求开始增加，开始喜欢与别人交往，特别是与相同年龄的小朋友一起玩。所以一般来说，两三岁的孩子即使刚见到陌生人时会有些不自在，但过不了多久，他就会与他们玩得很熟了。但是有些孩子却不同，他们即使到了四五岁，甚至更大一些，还是一见到陌生人、一到了新环境，就会局促不安，不敢说话，参加活动时也会畏缩不前，胆怯害羞。如果这种怕生现象持续的时间过长，不仅会影响孩子与他人的交往，也会使孩子失掉许多学习和尝试新事物的机会，甚至会影响孩子成年以后的生活。

孩子怕生可能有这三个方面的原因：天生气质如此，缺乏安全感，缺乏与他人交往的经验。首先，人的天生气质各不相同，有的外向活泼，有的内向拘谨。其次，孩子必须在他所熟悉的环境里获得充分的安全感，他才能把这种安全感转移到陌生的人或事物上面去。如果家里缺乏欢乐和温暖，会对孩子的性格产生多方面的影响，孩子可能会因此变得胆怯怕生。另外，如果孩子从小很少见到陌生人，缺乏在众人面前露面的体验，也会使孩子难以适应陌生的环境和事物。了解了孩子怕生的原因，就不难找到帮助他们的办法。

①创造机会让孩子与生人交往。带孩子散步的时候，停下来与友善的陌生人聊几句。在公园里，鼓励孩子和小朋友一起玩一会儿。渐渐地，孩子就会感到陌生人并不可怕，而且很和善，能与他友好地相处。孩子稍大一点以后，爸爸妈妈可以帮他请邻居的朋友来家里玩，让他自由自在地交谈和游戏，不要因为吵闹或弄乱了房间而责怪他们。在这种自由欢乐的气氛中，孩子的天性自然地流露出来，渐渐就会变得活泼起来。

②容忍孩子的怕生。家里来了客人，父母不必一定要勉强怕生的孩子向客人打招呼，也不要非让孩子为客人表演节目，更不要觉得孩子怕生有损自己的面子，不然孩子更会感到不安和焦虑，对于克服怕生的心理没有好处。

③不要讥笑孩子。有一种非常普遍的情形，就是父母当着孩子的面，把孩子所做的可笑的事向别人讲述，或者让孩子向人表演他以前的可笑动作。这些父母没有意识到，孩子的内心是非常敏感和脆弱的，以后孩子还

怎么敢在生人面前露面呢?

④自然地与人交往。让孩子明白,不被某些人喜欢和不喜欢某些人是很自然的,谁也不可能跟所有的人都相处得很好。这样孩子就不会因为担心自己会不受欢迎而不敢进入陌生的环境,也不会因为一两次交往的失败而对与他人交往心存畏惧。

小华的父母以前的工作单位比较特殊,和外界接触得较少。单位里没有和小华同龄的孩子,也没有幼儿园。小华从小便是由一个农村来的保姆照顾。保姆人很老实,不太爱说话,慢慢地小华就学会了独自在家里玩,很少出去了。由于妈妈和爸爸的工作都挺忙,平时也很少和孩子在一起,亲戚朋友比较少,家里也很少有外人来做客。小华变得越来越怕生,不合群。小华的父母后来意识到这种情况后,一步一步指导孩子和别人交往。他们请同事、邻居家的小朋友来玩,父母在旁边加以指导,教给他一些常用的社会交往方法,如让小华和小朋友一起玩玩具,和小朋友做合作游戏等,还带小华到人多的地方,鼓励、指导孩子多和其他陌生的小朋友、友善的叔叔阿姨主动问好、说话、玩耍,不要怕生羞怯;每天去幼儿园之前,鼓励小华在幼儿园多交朋友,回家之后,询问小华有没有交到朋友。刚开始的时候,帮孩子出点主意,小华每交到一个新朋友,父母都表示由衷的高兴,并给予表扬。最终,小华克服了怕生的心理。

(2)纠正孩子不肯主动讲话的习惯。随着人们的物质生活水平的不断提高,现代家庭的居住环境得到了很大的改善,许多孩子都拥有了属于自己的独立空间。因此,他们从小就养成了喜欢关在自己的小屋里做事的习惯,自我意识和独立性比较强。但是,令人担心的是,因为拥有了属于自己的独立空间,许多孩子有了封闭的倾向,和父母保持一定距离,不肯与人主动讲话,很难向别人吐露心声。

一位母亲忧心忡忡地说:"我家孩子上小学时就拥有了自己的房间。但随着年龄的增长,孩子越来越喜欢一回家就关上房间门,而且还把门反锁上。开始我们认为孩子独自在房间里会安心看书,没想到她的成绩一天天下滑。我们一气之下,干脆把孩子房门上的锁给撬掉了。谁知孩子更绝,一回到家,照样关上门,然后再用凳子把房门堵上。我们家里买了电脑,我们说什么也不敢让孩子上网。但女儿干脆借了一大堆碟片,关起房门独自欣赏。任凭我们在门外喊破喉咙也不开门。我们给了孩子独处的空间,但是孩子和我们越来越疏远,这孩子到底怎么了?"

怎样纠正孩子不肯主动讲话的习惯呢?

①找准孩子不肯讲话的原因,对症下药。一些心理专家认为,造成孩子不肯主动讲话的原因主要有这样几个方面:天生性格孤僻,好独处,不喜欢与人交往。父母和孩子之间存在着观念上的巨大差异,也就是通常所说的"代沟"。父母经常看不惯孩子的言行,动不动就干涉,孩子很反感,因而用沉默表示反抗;学业竞争压力大,紧张地学习之后,需要独处,自我调整,而不愿说过多的话。因此,父母应该仔细了解孩子的内心状态,和孩子进行深入地沟通。千万不要用粗鲁、蛮横的态度对待孩子,让孩子主动说出内心真实的想法和感受。

②对孩子不肯主动讲话不必过分忧虑。孩子的交往面很狭窄,他们的生活阅历不多,因此,当他们面对陌生的环境和陌生的人时。他们一般不会主动讲话。与此同时,孩子们对所谓的成人礼节,如见面寒暄,对他人假装热情和关心等,很不感兴趣。他们往往会根据自己的感觉,对自己不感兴趣的人或物置之不理。

③为孩子挑选一些特别有趣的玩具。许多惯性玩具和声控玩具,可以改变孩子过分内向的性格。这些玩具比较有趣,孩子会情不自禁地追逐这些玩具,或者被这些玩具弄得捧腹大笑。久而久之,他们就会变得乐观、开朗和自信。

给孩子表达想法的机会

有的父母喜欢那种俯首帖耳"听话"的孩子，父母怎么讲，孩子就怎么做。一旦发现孩子做错了，就会不分青红皂白地训斥、打骂孩子，不允许孩子申辩。这样不但不能使孩子心服口服，还会使孩子滋长一种抵触情绪，为撒谎、推脱责任埋下恶根。孩子申辩本身是一次有条理地使用语言的过程，也是与父母交流的过程。如果父母能有意识地找一些问题来与孩子辩论，孩子的思维能力和口语的表达能力可以得到很好的训练。

孩子在任何情况下都应当被允许表达意见，不仅允许孩子谈可接受的、安全的话题，而且要允许他们参与讨论、争论，这对孩子的发展是至关重要的因素。它可以建立孩子良好的自我形象、信心，让他知道一个孩子说的话和做的事并不是无关紧要的。就说话而言，孩子可以体会到他的权利是什么，社会允许的限度又是什么。

孩子再长大一些，就会质疑你的判断，提出相反的观点，并且进入真正的成人式讨论。在孩子改换角色，进入社会之前，让他在充满爱心的家庭中学习这一切非常重要。必须让孩子明白：能够自己思考是有益的。但不要因此而奖励正确的回答，惩罚错误的回答。好的家长并不急于在孩子一犯错误的时候就指出并纠正他们。如果你这么做，孩子自我检查和自我纠错的能力就得不到充分的发展，他也无法获得充分的自信。

成年人喜欢有礼貌地反驳别人，这同样适用于家长与孩子间的任何交往。家长可以用这些方法帮助你的孩子形成自己的看法，强化逻辑思维，教给他如何真正地、自信地发问；也可以允许孩子在友好的气氛中阐明他的想法，反驳大人的观点。好的家长会为孩子的智力和自信的成长感到自豪，并且不惧怕孩子的异议。

与孩子说话还应采取以下正确的方式：一是诱导式。通过循循善诱使孩子增长知识、发展智力、获得乐趣、加深感情。二是协商式。对孩子采取平等的态度，尊重孩子的人格，通过商量和讨论启发孩子动脑筋想办法，使孩子积极参与说话。三是说理式，也可以称为"解释式"。动之以情，晓之以理。当不赞成孩子做什么的时候，应解释原因，说明道理，并征得孩子的理解和同意。在孩子做错事时，帮助孩子分析原因，指出危害，使孩子心服口服。

另外，在与孩子说话时，家长要特别注意以下几点：

（1）要从平等的地位出发，不摆家长的架子。在心情好的时候要这样，在心情不佳或被顶撞的时候更要注意态度。

（2）话题要以孩子为中心。要以孩子关心和感兴趣的话题进行交谈，当然，有家长和孩子都感兴趣的话题更好，以这类话题说话最容易产生沟通，也便于掌握孩子的思想动向。

（3）家长要有足够的耐心。有些问题孩子不一定能很快地理解，家长要有耐心帮助孩子慢慢认识问题。对于孩子没完没了的讲述，家长也不要随意打断，应适当引导，使孩子逐渐提高表达能力。

一定要给孩子说话的自信心

孩子因为自卑不敢在人前讲话，不愿意与同龄人交往。我们在任何时候都要鼓励孩子大声说话，把自己的想法和要求讲清楚，有了良好的语言沟通能力，就会逐渐培养起孩子的自信。

美国的一个机构曾经做过一个社会调查，主题是：你最害怕什么？调查结果排在第一位的是"当众说话"，其次才是"原子弹"。有舆论称：当众说话比原子弹更可怕。

对很多孩子来说，他们缺乏的不是怎么说话，而是说话的自信和勇气。心理学有研究表明：恐惧、自信、勇气等情绪情感是由人的潜意识控制的，恐惧是潜意识启动自我防卫机制的结果，也就是自我保护的需要。

孩子之所以会害怕当众说话，逃避与人交往，可能是受父母性格的影响，父母内向、不善交往的处事方式给孩子的影响是最大的；还可能是因为敏感的孩子在人际交往中受到过伤害，在心中制造了一个恐怖的印象而产生的逃避行为；也可能是因为孩子有先天的缺陷，怕人嘲笑或遭到过嘲笑而产生恐惧心理等。

杰克·韦尔奇是美国通用电气公司的董事长，他带领通用电气进行全面的企业改革，在全世界范围内打开市场，以他非凡的领导才能，创造了20世纪的商业奇迹，被称为世界第一经理人。

可是，小时候的杰克却是一个不敢在人前讲话，有口吃毛病的孩子。杰克从小就口吃，因为遭受到小伙伴的嘲笑，对着他喊"口吃鬼"，他变得不爱出门、不爱说话、自卑怯懦，每次回答别人的问话就是"嗯""哦"，再也不多说一个字。

当孩子开始有了自我意识，开始尝试与伙伴交往，他们会根据伙伴的评价来定义自己的形象。当伙伴嘲笑杰克"口吃鬼"的时候，他对自己的认识就会停留在"口吃"上，认为自己是一个不正常的孩子，自信心严重受损。如果这样下去，孩子一辈子都会生活在自卑中，甚至会变得孤僻自闭。幸运的是，杰克的妈妈给了他很大的鼓励。

母亲告诉杰克，口吃算不了什么缺陷，甚至还表扬他："你有点口吃，正说明了你聪明爱动脑，想得比说得快些罢了。"然后，母亲继续说："别担心别人说什么。你只要大声地说出你的想法，把话说清楚就好。

母亲的鼓励无疑给杰克带来了极大的自信。结果略带口吃的毛病并没有阻碍杰克的发展，也没有影响他的自信。而在实际生活中，注意到他有口吃这个缺陷的人，反而对他产生了敬意，美国全国广播公司新闻部总裁迈克尔甚至开玩笑地说："杰克真行，我真恨不能自己也口吃！"

杰克的自卑源于他的口吃，而成功的标志也是"口吃"，重要的是他的自信。在他为口吃自卑的时候，是母亲鼓励他把不足看作优势，告诉他要大声说话，把话说清楚。在大声讲话的同时，就会看到自己的能力，找回自信心。

说话是孩子表达的主要方式，声音的大小能体现孩子信心的多少。大声讲话是克服心理胆怯的最有效的手段之一，也是提高孩子社会交往能力的重要因素。因为大声说话的时候会给自己积极的心理暗示，它传递给自己"我很自信，我能行"的信息。所以，要让孩子能够大声地、自然地、清楚地表达自己的想法、愿望和情绪。

大声说话本身就是在进行积极的自我暗示：我是自信的，我是有力量的人！这种暗示会让孩子形成良性的循环，从而不断提升孩子的自信心。

有个心理专家曾经给一个叫千菱的学生做过心理辅导，她内心脆弱，认为老师和同学都讨厌自己。平时就自己躲在教室的角落里，上课不回答问题，下课不与同学交往，说话时声音也小小的。她内心非常痛苦，希望这个专家能够帮助她。

心理专家在了解了她的情况后，帮千菱做了一些心理疏导，还给她布置了作业：要求她找出自己的优点，每天大声念 5 遍；每天找 3 个同学大声地说笑……

经过一个月的训练，千菱的状况有了很大的好转，已经能在课堂回答问题了，和同学谈笑也很自如。

千菱的案例说明：大声说话能帮助孩子克服自卑的心理，尤其是大声地把自己想说的内容表达清楚，对提升孩子的自信有很大的作用。

对于比较小的孩子，做家长的可以利用孩子最急切的要求，比如他要吃的、玩的，要求我们帮他做什么，作为一种奖励来训练他大声说话。让孩子大声地叫我们一声，或者说一句话，表达一个自己的看法，再把东西给孩子。这样就会暗示孩子：大声说话就可以满足他的要求。如果孩子虽然说话大声，但是还不够清楚，就要求他把话说得清楚一点。比如他想要吃冰激凌，可是讲得太快、不清楚，要让他说清楚，然后再满足他的要求。孩子把得到满足和大声说话联系起来，为了得到东西就会主动地大声讲话，并努力讲清楚自己的要求和看法。孩子就在我们的逐步暗示下，慢慢地提升自信心。这对于一两岁的孩子有很好的效果。

大一点的孩子，我们需要培养他独立生活的能力，让他自己去商店买点东西。如果孩子说话比原来大声一些了，就马上表扬他，积极的暗示会激励孩子不断去挑战自己。对孩子的训练要由易到难，不能一开始就带孩子去一个非常严肃、非常陌生的环境让他大声说话，这样不但锻炼不了孩子，还会吓到孩子，让他的内心更恐惧，更压抑了自信。

对于不同的孩子，我们要采取不同的激励方法，让他们学会大声说话，表达清楚自己说话的内容，努力帮孩子提升与人交往的自信。

与孩子有效沟通的五大技巧，你掌握了多少？

谈起跟孩子沟通的问题，很多家长会觉得，这有什么技巧？不就是和孩子说话吗？我每天都在和孩子沟通啊，送他上学的时候、吃饭的时候、学习的时候……我总是告诉孩子很多。记得一位十六岁男孩妈妈说："我每天都想跟孩子聊聊，但是他根本不想和我说话，我只好每天在孩子上学前跟他叮嘱几句，可是他好像不太喜欢听。"这位妈妈说，孩子刚上学的时候还愿意跟她说说一些学习的事情，但是慢慢的孩子就单方面拒绝跟她交流了。

而我在跟这位妈妈沟通的时候，发现她的言语中传递的是慢慢的焦虑的情绪，和不恰当的言辞，言语中不时夹杂着：

"我说的这些都是为他好啊！"

"我让他好好学习把名次提高也是为了以后升学能够顺利些……"

"他不好好吃饭，饿坏了怎么办？"

……

大家看到这些话语，是不是觉得很熟悉，我们平时跟孩子交流的时候，也多是想到什么就直接传递给了孩子，而且并不觉得这有什么不对。这位妈妈就是把自己的想法强加给孩子，所以孩子会很反感。记得有句现在网上的流行语"世界上有一种冷叫你妈妈觉得你冷"就是这样的一种感受。

常听不少父母抱怨：现在的孩子真是很不听话，好好地同他讲道理，他却不以为然，道理比你还多，有时还把我们父母的话看成是没有意义的唠叨，总之一个字——烦！父母为孩子烦，孩子嫌父母烦。这样，父母和孩子能坐下来交流才怪！

但问题出在哪里？这是孩子的问题，还是父母的问题，还是沟通方法的问题？

也许孩子不是一点问题没有，但更多的问题可能出在父母身上。父母内心的担忧和语气的急促，使谈话变得不讲究方法和效果而只有情绪的宣泄，如此，便容易使听者产生排斥、逆反心理，沟通被迫受阻。尊重和信任是沟通的前提，交流只能在这一基础上进行和完成。这一基础意味着沟通双方是平等的，代表着彼此是可以相互接纳的，如此才能够进行有效的沟通。

什么是有效沟通？

有效沟通大多被应用在企业管理上，这也是作为管理者必备的一项素质要求。对于我们家长来说，孩子的教育和生活的管理就是我们的沟通目标，而有效沟通就是必备的素质之一。沟通不善，会出现交流障碍，造成误会和曲解，有效沟通是孩子和家长双方语言和情感交流的桥梁，帮助你双赢解决问题，轻松实现目标方式。

有效沟通第一大技巧：听的艺术

美国知名主持人林克莱特一天访问一名小朋友，问他说："你长大后想要当什么呀？"小朋友天真的回答："嗯……我要当飞机的驾驶员！"林克莱特接着问："如果有一天，你的飞机飞到太平洋上空所有引擎都熄火了，你会怎么办？"小朋友想了想："我会先告诉坐在飞机上的人绑好安全带，然后我挂上我的降落伞跳出去。"当在现场的观众笑的东倒西歪时，林克莱特继续着注视这孩子，想看他是不是自作聪明的家伙。没想到，接着孩子的两行热泪夺眶而出，于是林克莱特问他说："为什么要这么做？"小孩的答案透露出一个孩子真挚的想法："我要去拿燃料，我还要回来！"现场的刚才还笑的东倒西歪的观众，此时都沉默了，因为他们这个时候才真正的听懂了孩子的话。

你听到别人说话时……你真的听懂他说的意思吗？你懂吗？

如果不懂，就请听别人说完吧，这就是"听的艺术"：

1. 听话不要听一半；

2. 不要把自己的意思，投射到别人所说的话上头。

大家看完这个故事后，就能够了解，有效沟通的第一技巧：善意的聆听。

你是否诚心交流，并且是否能够善于站在孩子的角度考虑并进行有效表达，不仅包括理解孩子的处境、思想状态、同时包括维护孩子的自尊，加强孩子的自信，再请孩子说出自己的真实感受。

聆听期间，双方应相互正视，相互倾听，神情专注。不要左顾右盼，不要有一些不必要的小动作，更不要漫不经心的对待，不要在孩子说话时喋喋不休的插嘴，尖酸刻薄的评价，这些都不是好的倾听表现。

真正的沟通高手是一个热衷于聆听的人。善于倾听，才是父母对于孩子最基本的素质。如果你在听孩子说话时，可以听懂他话里的意思，并且能够心领神会，同时可以感受到孩子的心思而予以回应，表示你掌握了倾听的要领，那么跟孩子的沟通也会更加有效。

有效沟通第二大技巧：良好的情绪

作为父母在沟通中要尽可能地避免使用太强烈的词汇。不要在生气时沟通，有的家长因为暴怒的情绪无法控制自己，容易语无伦次，说很多伤害到孩子心灵的话。当父母陷于不良情绪中的时候，是无法对孩子进行教育的。这时候的"沟通"，往往是父母发泄了情绪，却给孩子背上了精神的包袱。

如果你经常说："你让我很难过""你伤了我的心""你把我逼疯了"。

这容易让孩子产生被指责的感觉，很容易使孩子反感，也许还会让孩子反唇相讥："是你自己要生气的"，或"你难过可不干我的事"。如果你对自己的情绪反应没有办法负责，就不要在这个时候指责孩子，因为你这个时候的状态是不适合进行良好沟通的。

父母的语言，总是表达着父母的情绪、心态。幼小的孩子，虽然语言的理解能力不及成人，但对于情绪却十分敏感。即使是襁褓中的婴儿，听不懂妈妈的话，但是妈妈说话时是充满耐心的关爱，还是很不耐烦的厌倦，小婴儿都能体会。

如果爸爸把在单位里的不公待遇的情绪带到语言中；如果妈妈把在家庭中的疲惫感或者对配偶的不满带到语言中；这都是你们自己的情绪问题，你的言语中的破坏性情绪孩子是无法理解的。孩子只是听见父母对自己的批评，要么是心里不服激起强烈反抗，爆发亲子矛盾；要么是照单全收无限懊恼，降低对自己的评价。

与孩子说话，父母自己的情绪至关重要，很多父母因为一心想要教育好孩子，当看见孩子一些不如人意的表现，着实的着急，恨铁不成钢就会出现焦虑情绪。焦虑的情绪会传染，会增加孩子的情绪波动，更难以专注于自己的发展。

欲速则不达，人处于焦虑状态中，不要说发挥潜能，往往连原有的能力都无法正常发挥。父母对孩子的焦虑，常常让孩子对自己有更多的负面评价，影响孩子的自信心。保持一个良好的心态，是好父母最要紧的功课。

有效沟通第三大技巧：准确的表达

成人面对幼儿完全按照自己的语言习惯这样表达，就很难保证有效沟通。孩子根本没有听懂，自然没有任何教育效果可言。因此，父母在说话的时候，一定要考虑到孩子的年龄和理解力。尽量把话说得明白准确，少绕弯子。

下面给大家分享一个小事例，你们就可以感受到语言的准确表达有多重要了。

斌斌的妈妈对他说："你可真懒，你这是什么学习态度呀?"。这样说斌斌会摸不着头脑，心里还会犯嘀咕：我又犯什么错误了?

但如果如果妈妈换种方式来表达："斌斌，最近三天，你连续三次作业都写到10点了，可以说下为什么吗?"这样你要表达的意思就具体清楚了，斌斌就知道是讲什么事，知道你需要跟他沟通的是写作业慢的原因。

同样，如果您想表扬一下孩子说："斌斌，你的学习真棒!"你用这样的方式表扬斌斌，他定会不痛不痒的。

但是你如果这样说："斌斌，妈妈对你昨天写作业的表现非常满意，这样做节省了1个小时的时间"。这样斌斌的感觉就不一样了，他能够明确知道学习方法对自己的重要性，也知道寻找更好的学习途径，自我成长。

父母平时对孩子说话，语言越准确越好。这样不仅可以大大提升亲子沟通的有效性，确保孩子听懂父母的意思。而且，对于孩子的语言能力和思维能力也是一种很好的培养。

有效沟通第四大技巧：巧妙的说话

说话的内容固然重要，但相同内容的话，用不同的方式说出来，会有完全不同的效果。即使成年人也会有这种感觉，更何况年幼的孩子，他根本没有能力分析父母说话的良苦用心。父母如果注意自己的语言方式，可能教育的效果就会大不一样。如果你想看到一件事情的结果，你就要把你想要的结果表达给对方。

比如，你想让孩子帮你洗碗。如果你说"你去把碗给我洗了"，这种命令性的言语总是让人不舒服有抗拒感。同样的意思换一成巧妙的表达："如果有人帮我洗碗，我会很高兴"，那感觉就完全不一样了。所以说，如果直接要求别人做某件事，通常会遭到拒绝。但如果你清楚地说出你希望的结果，对方就会知道怎么做，还会乐意去做。这种方法不仅适用于亲子沟通，也适合夫妻之间的良好表达。

我们还可以巧妙地使用反向表达和反向思考的方法来表达自己的语言：

比如，你这么问孩子："作业还没有做完吗？"，他肯定会说"没有，还差一点！"这可不是你想要的结果。但若换句反向表达或反向思考的提问方式，说："作业全做完了吧？"。那么孩子也会给你一个明确的答复，我已经完成了多少，离全部还差多少。

家长要做一个弹性沟通者，谈话中就要避免使用"但是""不过"这样的词语。我们经常跟孩子说了"我明白你的意思"之类的话后，很容易会再加上"但是"或"不过"这样的字眼。如果使用这些字眼，你给孩子的印象，就是你认为他的观点在你的眼中是"错的"，或者不关注他所说的问题。

举个例子，如果你说："妈妈觉得你说的很有道理，但是……"，这句话的意思让人听起来就变成"你说的没有道理"。

如果把"但是"换成"也"，这么说："妈妈觉得你说的很有道理，我这里也有一个很好的主意，不妨我们再讨论讨论？"。

大家是不是觉得这样听起来就舒服多了呢？不同的说话方式，能够获得不同的沟通效果。这就是说话的艺术和技巧，我们作为父母首先要学会这种有效的语言表达方式，这样才能让孩子感受到跟父母交流的轻松和愉快，而不是出现了不满或者抵触的情绪。

有效沟通第五大技巧：真诚的赞美

人性的弱点是喜欢批评人，却不喜欢被批评；喜欢被人赞美，却不喜欢赞美人；因此，拉开了人与人之间的距离。但如果把我们亲切的眼神带给对方，冷漠就会因此而消失。

我再给大家讲一个故事：

有甲乙两个猎人，有一天他们都打了两只野兔回家。

甲的妻子看见甲后冷冷的说："就打到两只吗？"。甲听了心理埋怨到："你以为很容易打到吗？"。第二天甲照常去打猎，但这次他故意两手空空回家，让妻子觉得打猎是很不容易的事。

而乙的情形正好相反。乙的妻子看见乙带回两个兔子，惊讶的说："哇，你竟然打了两只?"，乙听了心中大喜，洋洋自得地说："两只算什么!"。第二天，乙也照常去打猎，这次乙却带回了四只兔子。

这个故事给了我们一个启示：父母一副冷漠的面孔和一张缺乏热情的嘴是最令孩子失望的，他会挫伤孩子的积极性。而发自内心的真诚赞扬，却能给孩子带来快乐，会提高孩子的学习积极性。

在孩子做的好的时候，家长会习惯性的夸赞："宝宝你真棒!"那么孩子听多了这样不走心的夸奖，其实没有任何的教育意义。

如果小磊和小桃两个孩子在争夺玩具，小磊看到小桃哭了，就把玩具让给了她，这个时候你一句夸奖："你真棒"，但是并没有抚慰孩子的内心。不如说：宝贝，你能够跟妹妹分享玩具，你很为他人着想，真是个好哥哥。(赞美孩子的品质，让孩子明白自己被夸奖的意义，这才更真诚。)

很多年幼的宝宝都喜欢吃饭的时候把筷子扔在地上，如果你总是马上批评，说"这样可不好，不要这样做。"他就会很生气，也并没有改变行为的意愿。如果你试着说："我家宝宝最懂事了，知道筷子是不可以扔在地上的。"那么你多观察下，是不是他会顺着你的意思，就真的不再扔筷子了。

这就是所谓批评什么得到什么，而赞美什么得到什么。好的赞美开始于细节，有细节说明你用心、仔细、真正地关注孩子。所以，爸爸妈妈要在赞美孩子的时候多放一份用心和真诚在里面。

以上五个技巧，就是要教给大家怎样与孩子有效沟通的方法。希望在生活中家长们巧妙的去运用，跟孩子良好而有效的沟通，让我们的孩子无论是在年幼的时候，还是在进入青春期后都能愿意跟我们交流，把自己的心里话对你说出来，成长为一个心理健康，学习优秀的孩子!

第二章

在交流中让孩子充分理解你

阳光未来丛书

做个读懂孩子会沟通的好父母

YANGGUANG WEILAI CONGSHU

ZUOGE DUDONGHAIZI HUIGOUTONG DE HAOFUMU

低声效应更有效

现实生活中，我们总是可以见到这样的场景：面对放声大哭的孩子，母亲越是歇斯底里地高声斥责，孩子哭闹的声音反而越大。实际上，孩子的大嗓门是被母亲的高分贝吊上去的。这种母与子之间的交战，只有等双方中某一方筋疲力尽才能结束。

美国的凯尼让大学语言研究班曾经与美国海军合作，研究在军事行动中一项指令的下达应该以多大的声音发出最合适。实验者们通过电话、舰船上的传声管，向接收者发送各种分贝的声音，结果表明：发送者的声音越高，接收者回答的声音越高；发送者的声音越低，接收者回答的声音越低。

这个规律告诉我们，当交谈双方的情绪处于紧张和敌对时，一方的低声也有助于降低对方的音量，从而缓解双方的对立状态。这就是心理学中的"低声效应"。这种效应给家庭教育的启示其实就是：有理不在声高。父母在批评孩子的时候，使用较低的声音要比使用较高的声音效果更好，而且越是批评、呵斥的话题，就越应该用低于平日的声调来讲。

妈妈有一天带着 3 岁的子毅到邻居家做客。子毅刚开始还很安静，但是过了一会儿，就开始在别人家床上蹦蹦跳跳、张牙舞爪。看到这种情况，子毅的妈妈没有发怒，而是走到子毅跟前，用轻得几乎让人听不见的声音在子毅的耳边说："你觉得不经允许就随便在人家床上乱蹦乱跳，是一件好事吗？"

妈妈的声音十分轻柔，脸上挂着和蔼的微笑，但子毅却像听到了严厉的批评一样，马上停止了乱蹦。

其实这个事例就体现了"低声效应"的作用。在家庭教育中，降低声调、压低声音的讲话方法有很多好处。

首先，从物理学的意义上来讲，一方低声讲话，对方就必须要集中精力才能听清。在这种情况下，即使他并没打算认真听这些话，但是由于条件反射的听觉动作，还是会不自觉地捕捉你谈话的内容，并进行理解。

其次，洪亮的声音一般是用来面向公众的，比如用于演讲、舞台剧等；而小声说话则突出强调了这是两个人之间的谈话，不涉及其他人，是针对个人私下里讲的话，所以很容易形成一种"促膝长谈"的良好气氛。这对于正在挨批评的孩子来说，不会引起紧张感的气氛。

此外，低声讲话给人的感觉是"理性"的表述，而不是感情的宣泄。低声讲话可以让听话的人感到你是理智的，从而让自己的话更有说服力，同时也促使听话的人保持理智。如果孩子在你的面前大声哭闹，那么你必须首先保证自己的情绪不被孩子的情绪感染，然后才能理智、冷静地分析孩子哭闹的原因，进而把孩子从波动的情绪中引导到理智的状态中来。

用不同于平日说话的低声来跟孩子交谈，其实也是在暗示孩子：现在爸爸妈妈的态度是异乎寻常的郑重，你一定要认真听才可以。

总之，低平的声音、沉稳的语调，能够促使对方认真倾听你的谈话，至少可以防止父母在教育子女时与孩子竞相拔高声音，使矛盾升级。低声说话可以使双方都处于冷静自制的状态中，可以为进一步说服孩子创造条件。相反，面红耳赤、声嘶力竭地数落孩子只会起到适得其反的效果。

用温暖的沟通获得孩子的心

法国作家拉封丹写过一则寓言，北风和南风相约比武，看谁能把路上行人的衣服脱掉。于是北风便大施淫威，猛掀路上行人的衣服，行人为了抵御北风的侵袭，把大衣裹得紧紧的。而南风则不同，它轻轻地吹，风和日丽，行人只觉得温暖，始而解开纽扣，继而脱掉大衣。北风和南风都是要使行人脱掉大衣，但由于态度和方法不同，结果大相径庭。

这则寓言反映出这样一个哲理：即使出于同样的目的，采用的方法不同，最后导致的结果也会不同。心理学将这一哲理称为"南风效应"。

南风效应告诉了我们一个道理：温暖胜于严寒。这也就是说，妈妈在教育孩子时，要特别讲究教育方法，如果你总是对孩子横加指责甚至体罚，就会令你的孩子把"大衣裹得更紧"；而如果你采用和风细雨"南风"式的教育方法，那么你会轻而易举地让孩子"脱掉大衣"，达到你的教育目的，收到更好的教育效果。

有个初三的女学生深深地爱上了她的同学而不能自拔，于是给他写了一封热烈的情书，没想到却被老师知道了。老师把这件事连同那封情书交给了女孩的妈妈，女孩既感到无地自容，又感到恐惧万分。

她硬着头皮回到了家里，可没想到妈妈并没有什么异样。女孩心里忐忑极了，她一晚上都在偷偷观察着妈妈，可最终也没发现妈妈有什么不寻常的变化。等到临睡之前，她的心终于稍微放松下来了，她随手翻起了放在桌子上的小说，却发现那封情书就夹在里面，另外还有一张妈妈的字条："今天老师把这个交给了我，现在妈妈把它还给你。妈妈相信你可以自己处理好这件事情，相信你能权衡好感情和学业孰轻孰重。晚安，宝贝！"

俄罗斯思想家别林斯基说过："幼儿的心灵最容易受到各种印象的影响，甚至最轻微印象的影响……常常受到强烈的惩罚而变得粗暴的人，会残忍起来，冷酷起来，不知羞耻，于是连任何惩罚对于他都很快变得无效了。"的确，长期生活在"北风"式教育方式下，孩子可能会走向两个极端，要么对许多事情失去兴趣，给自己和他人造成伤害；要么不敢寻找独立，成为父母和老师眼中的"好孩子"。这样的孩子走上社会后，要么缺乏解决问题的能力，不敢承担人生的责任；要么缺乏自信，一生唯唯诺诺，活不出自己。

孩子都有本能的自我保护意识，他一旦发现妈妈想要教育他，就会扣上心灵全部的纽扣，把整个心都封闭起来，进行紧张的心理防范。如果妈妈能从孩子的心理出发，消除被教育者——孩子的对立情绪，创造心理相容的条件，就能顺利开启孩子的心理围城，脱去他紧护心灵的外衣，敞开心扉。

因此，妈妈要时刻谨记：家庭教育中采用棍棒、恐吓之类"北风"式教育方法是不可取的。实行温情教育，多点表扬，培养孩子自觉向上的能力，才能达到事半功倍的效果。

不粗暴，会说服

如果家长总是对孩子指指点点，就会给孩子造成咄咄逼人的感觉，令他难以接受，甚至因此引发对立情绪。相反，如果家长掌握说服孩子的方法与技巧，就能让孩子心悦诚服地接受家长的观点，收到事半功倍的教育效果。

有这样一个小故事：

齐景公生性好玩，常常爬到树上去捉鸟。晏子想说服齐景公改掉这个习惯。有一天，齐景公掏了鸟窝，一看是小鸟，就又放回鸟窝里。晏子问："国君，您怎么累得满头大汗？"齐景公说："我在掏小鸟，可是掏到的这只太小、太弱，我又把它放回巢里去了。"晏子称赞说："了不起啊，您具有圣人的品质！"齐景公问："这怎么说明我具有圣人的品质呢？"晏子说："国君，您把小鸟放回巢里，表明您深知长幼的道理，有可贵的同情心。您对禽类都这样仁爱，何况对百姓呢？"齐景公听了这些话十分高兴，以后再也不掏鸟玩了，而且更多地去关心百姓的疾苦。晏子顺利地达到了说服的目的。

晏子的赞美最终说服了固执顽皮的齐景公。由此可见，赞美对人有一种无穷的力量。

心理学研究告诉我们：每个人的内心都有自己渴望的"评价"，希望别人能了解，并给予赞美。所以，家长在说服孩子时，不妨用"放大镜"

观察孩子言行中的闪光点，给孩子一个超过事实的美名，让孩子得到心理上的满足，找回自信，进而在较为愉快的情绪中接受家长的劝说，学会自律。

如果你希望孩子按你的想法行事而孩子却并不愿意这样做，那么你就要想办法去说服你的孩子，而不是用简单粗暴的方式命令他。但是，说服也需要技巧，也就是说，要根据不同的问题选择适宜的说辞。如果不管是什么情况，都用同一种方法去说服，就很难顺利达到目标。因此，要想说服孩子，就必须巧妙妥善地运用各种表达方法。

邈邈放学回家，进门就嚷着要吃红烧肉，恰巧邈邈的妈妈不在家。邈邈看见爸爸，就嚷着对爸爸说："爸爸，我快饿死了，你做了什么好吃的？"

邈邈的爸爸想到儿子从来不愿意自己出去买东西，就准备借机锻炼一下他，于是说道："妈妈今天不回来，要吃饭就得我们自己做。我看干脆晚饭不吃了吧，煮饭麻烦，法律也没有规定一天吃三顿呀。"

"可是我肚子饿得不行了。"

"你想吃什么？"

"我想吃红烧肉。"

"那你去买吧。"

"拿钱来。"

邈邈的爸爸首先提议"不吃晚饭"，让邈邈感到"绝望"，再提出"去买肉"这个劝说目标，于是邈邈就非常痛快地答应了，从而顺利地解决了问题，达到了自己想要锻炼孩子的目的。

心理学中有一个"欧弗斯托原则"，指说服一个人的时候，利用巧妙的说辞，让对方不得不接受你的提议。可见，邈邈的爸爸在说服邈邈独自上街买东西时，就运用到了这个技巧。

想要说服孩子，家长就不要总是急于发表你的看法。如果你的孩子喜欢犟嘴，那么在说服他的时候，不妨先听孩子把他想说的话说完，然后你再发表你自己的看法。同时，还要多反省一下你自己的行为，因为孩子有的时候跟父母对着干，是对过分控制他们的家长或过度保护他们的家长所做的最直接的反抗。所以，当孩子反抗时，你要反省一下，自己是否说得过多？是不是老在下命令？是不是动不动就唠叨和责备孩子？

再有，任何时候只要有可能，就多给孩子一些选择。多问孩子一些类似选择性的问题，比如"你觉得……""这个怎么样"，切勿用"你应该……""你为什么不能……"这样的话。

最后，要想让孩子不加抵抗地改变主意，你就要学会晓之以理、动之以情，这是任何消极对立的观点都难以招架的。打动孩子的感情要比简单生硬的命令和责难强十倍，所以，家长对孩子说出的每一句话，都要有诚意，都必须是发自内心的，是真心实意地渴望与孩子交流的，并渴望得到孩子的认同与理解。

说教而不是唠唠叨叨

文昊从小身体就很弱，所以妈妈总是非常担心他的健康。每天早晨一起床，妈妈就开始了唠唠叨叨："文昊，多吃点儿饭，这样身体才能好！""文昊，今天天气冷，多穿点衣服别感冒了！""文昊，外面刮风了，别忘了戴上帽子！""文昊……"终于有一天，文昊生气地对妈妈说："天天就是这些话，烦不烦啊！"说完背起书包夺门而出。妈妈则是眼泪汪汪，觉得十分委屈：我这不都是为了孩子好吗？孩子怎么能这么说我？

实际上父母过多的叮咛，并不能起到预期的效果，反而会因为过于"唠叨"使孩子感到不耐烦而听不进去，或者听得太多感到麻木，这都是因为产生了"超限效应"。

心理学上，机体在接受某种刺激过多的时候，会出现自然而然的逃避倾向。这是人类出于本能的一种自我保护性的心理反应。由于人的这个特征，在受到外界刺激过多、过强或者作用时间过久时，会使人的心理极不耐烦甚至产生逆反情绪。这种心理现象就叫作"超限效应"。"超限效应"提醒家长们：人的心理对任何刺激通常都会有一个承受的极限，如果超过了这个极限，就会向相反的方向转化，也就是我们常说的"物极必反"。

当父母批评孩子的时候，应该记住：孩子犯了一次错，只能批评一次。如果需要再次批评的时候，要注意换个角度，用不同的话语去提醒孩子，这样才不会让孩子觉得因为同样的错误被父母"穷追不舍"，也不会因此对父母的说教感到厌烦。如果对于一个错误，父母一次、两次、三次，甚至四次、五次地做出同样的批评，就会使孩子原本感到有些内疚不安的心情转变为不耐烦，最后发展到反感至极，甚至出现"我偏要这样做"的逆反心理。

为了避免批评时的"超限效应"，父母在教育孩子的时候要注意：要订立规则。如果孩子违反规则一次、两次，可以批评，但如果在此基础上仍旧违反，就要根据规则采取一些惩罚性的措施，不能只说不做，否则也会降低父母在孩子心中的威信。

有些父母可能认为，对孩子批评多了不好，那多表扬肯定没错了吧？其实表扬也同样存在着"超限效应"。表扬太多，会让孩子觉得父母是在哄自己，名义上是表扬，实际上是在提醒他这些方面做得不够好，要多注意。于是孩子一听到类似的表扬，就会感到不舒服。

还有些父母喜欢对孩子进行过多的大而空的说教。孩子即使认为父母的话在理，也会由于在短时间内遭受集中"轰炸"而感到难以承受。这也是许多青少年爱和父母犟嘴的原因。

从上边的内容可以看出，无论是批评还是表扬，甚至只是平时的教育，父母都应该掌握好"度"。任何事情如果过度，就会产生"超限效应"；如果不及，又达不到既定目的。所以只有掌握好火候分寸，做到恰到好处，才能得到理想的教育效果。

一个充满爱和真诚的拥抱

在人际交往中，身体语言往往能比口头语言传递更多的信息。所以父母在和孩子的交往中，不仅要留意自己的语言所传达的信息，还要学会利用身体语言。

当孩子跌倒的时候，我们常常可以看到一些家长嘴里说着："宝宝快起来，不疼不疼!"可是脸上却带着惊慌失措的表情，手也不由自主地伸向孩子。孩子看到妈妈这时候的表情，就会大哭起来。

其实孩子年龄虽小，但是第六感是相当敏锐的，他们能从父母微妙的表情和动作中判断出父母的态度。如果在孩子跌倒的时候，以坚定的目光看着孩子，并对孩子说："自己起来吧!"孩子就会知道父母不会帮助自己，然后就会自己站起来。

曾经有这样一个实验：

让妈妈面无表情地看着正在笑的六个月大的孩子，结果，不一会儿，孩子就不再笑了。当妈妈离开后，再次回到孩子身边时，他根本就不看妈妈。这个实验证明，面无表情或郁郁寡欢的妈妈很容易刺伤孩子的心。孩子虽小，但他却能清晰地从妈妈的表情、动作上感觉到妈妈的态度。

也许父母不知道，孩子对于表情的敏感程度，远远超出了家长的想象。据研究，在孩子语言能力没有成熟前，父母与他交流时，这种非语言的表达方式能占到97%的比重。大一点的孩子就更不用说了，他们更善于观察父母语言之外的其他东西。因此父母在与孩子的交往中，一定要留意自己的身体语言所传达的信息。

当孩子想妈妈了或者被别的小朋友欺负了，可以把孩子搂在怀里，脸贴着脸，缓缓地拍着他的背部，嘴里轻轻地说些安慰话，这样孩子那颗惊恐失措的心会渐渐趋于平静。当孩子说着不着边际的话时，家长最好也要面带微笑地等他说完再发表见解，可以伴些手势和面部表情，这会使孩子觉得自己像大人一样被尊重。当和孩子玩游戏时，调皮的孩子故意耍赖，妈妈要么刮刮他们的鼻子，要么摸摸他们的头，再不然就亲亲他们……这时候孩子们就会围着妈妈又蹦又跳，显得特别开心。

总之，除了正常的语言交流外，家长适时地给予孩子的一个拥抱或者一个吻，都可以很好地激发孩子的积极性，让他们体会到父母的可亲可敬。而对于那些调皮捣蛋的孩子来说，父母一个严厉的眼神，也许比责骂更有效果。

此外，在父母和孩子的交往过程中，还要学会读懂孩子的身体语言，以此来"透视"孩子的内心世界。当一个小孩撒了谎的时候，他很可能会在说完之后立刻用一只手或双手捂住嘴巴；如果不想听父母唠叨，他们会用手捂住耳朵；如果看到可怕的东西，他们会遮住自己的眼睛。当孩子逐渐长大以后，这些身体语言依然存在，只是会变得更加敏捷让别人不易察觉。

一个妈妈在与孩子谈话时，十分注意孩子的眼神。她这样总结自己的孩子："孩子眼神定向专注，表示注意力集中；眼珠发亮，表示思维活跃；眼珠放光，表示懂了；眼睛不亮，表示在思考，但还不明白；目光闪烁，表示思想上处于矛盾斗争中；眼睛湿润，表示激动。"

不同孩子的身体语言不一定相同，但是只要父母认真观察，就不难掌握孩子的身体语言特点。

而在教育孩子的过程中，父母也要适当地运用肢体语言，这样可以强化口头语言的使用效果。特别是对年龄偏小的孩子来说，父母的肢体语言可以使他们柔弱的心灵得到莫大的安慰，一个鼓励的眼神、一个温暖的拥抱，都会使他们觉得温馨，具有安全感。

了解孩子的肢体语言，就可以在孩子需要帮助的时候像春风一样温暖孩子的心；学会用肢体语言表达自己的情感则会让孩子收获更多的关爱和欢乐。请父母们时刻把这样一句话放在心头：任何时候，孩子都更愿意相信父母的表情，而不是父母的话。所以，不要吝啬自己的肢体语言，让它们带给孩子一份特别的鼓励和关爱吧！

别把自己的想法强加给孩子

浩轩从幼儿园回家后就一直在看动画片。外婆烧好了饭菜，叫道："浩轩，吃饭啦!"浩轩没有回答。过了一会儿，外婆又叫道："浩轩，快来呀，要不饭菜都要凉了。"浩轩头也不回地说："我不要吃饭，我要看动画片。

听到浩轩的回答，外婆对坐在一旁的外公使了个眼色，于是外公趁浩轩不注意，悄悄把电视频道给换了。浩轩立刻大哭大叫起来，外婆好说歹说浩轩都听不进去。最后外公狠狠打了浩轩屁股两下，才把浩轩拉到了饭桌旁。但浩轩是一边哭着一边吃饭的，看到这种情况家里的其他人这顿饭也都吃得没滋没味……

相信很多家庭中都遇到过类似的情况。有的时候大人们为了减少"麻烦"，干脆就把饭菜端到电视机前，让孩子一边看一边吃。其实这些做法对孩子的身心健康都会产生不利影响。

人与人各不相同，如果以自己的心思去揣度别人的心思，就很容易产生错误的判断。作为父母，要时时刻刻设身处地地为孩子着想，尽力去理解孩子的感受，同时也要教会孩子学会设身处地地理解别人。

比如上边的例子中，大人不爱看动画片，但是小孩爱看；大人喜欢按时吃饭，但孩子并不在乎。父母应该尊重孩子的喜好，或者采取适合的策略去影响孩子。比如，可以给孩子两个选择，要么"看完动画片，马上来吃饭"，要么"再看两分钟就来吃饭，然后吃饭后还可以再看一个动画片"。让孩子自己做出选择和决定，这样执行起来就会比较容易。

家长们必须承认，孩子正在逐渐成长为一个独立的个体，他们有自己的个性、兴趣、需求以及情感表达方式。父母应该学会站在孩子的立场上去理解孩子的感受，满足孩子的需要。父母在做出判断前，首先应该先让孩子表明自己的想法，然后再与孩子商讨得出合理的解决办法，同时根据孩子的特点、条件，给予合适的指导。在和孩子发生冲突的时候，父母一定要注意不要搞"一言堂"和专制主义，不能只允许自己发布命令，不允许孩子表达意见。比如父母认为学一门乐器很重要，因此就不管孩子是不是喜欢，就逼着孩子去学习。

不考虑别人的感受和看法，一切只从自己的意志出发，这就是心理学上的"投射效应"，也就是说把自己的想法不分情况的投射到别人身上，强迫别人接受自己的意见。这在家庭教育中是应该避免的。"投射效应"提醒我们，父母和孩子对很多事情的看法和感受可能是截然不同的。父母不应该把自己的主观意志强加给孩子。在有些非原则性的问题上，父母其实完全没有必要强求孩子，在这些事情上，父母应该尽量尊重孩子自己的意愿。

为了避免"投射效应"，父母应该学会换位思考，试着把自己放到孩子的位置上去观察问题。当发现孩子在自己的抽屉上加了锁的时候，可以参照孩子那个年龄阶段的心理特点去理解，更简单的方法就是回忆自己在同样年龄的时候的心理特点，这样就很容易理解孩子的心理，进而理解孩子的行为。

除了自己要避免对孩子的"投射效应"，也要注意引导孩子别把自己的意愿强加给别的小朋友，要教孩子站在别人的角度去理解他人的感受。比如当孩子打了其他小朋友的时候，首先要问清楚打人的原因，防止自己误解孩子。当明确了原因，这时就可以引导孩子站在别人的角度思考问题。可以问他："要是因为这个原因别人打了你，你会不会不开心呢？你现在打了别的小朋友，他也很难过，你最好去跟他道个歉。"

有时候为了教会任性的孩子理解别人的感受，父母还可以采用"角色转换"的方法。比如，让任性的孩子去照顾比自己还小、还任性的孩子，从而让孩子体会到自己的"任性"给别人带来的麻烦，相信有了这些体会之后，孩子就很容易改变这个坏习惯了。

一定要让孩子理解你，而不是服从你

这天，有一位妈妈走进班主任的办公室，想要老师帮一个忙。

她的儿子正在读初一，几天前孩子自己花 300 元去买了一副羽毛球拍。妈妈知道后第一时间去找商家退货，但是商家不同意。

于是就出现了开头的一幕，妈妈想让老师出面，以学校的名义，帮她去找商家把货退了。

而她的儿子呢，认为妈妈的行为不可理喻，觉得又生气又丢面子，变成了既不愿意回家，也不愿意去学校！

不就一副羽毛球拍而已？是产品质量问题吗？为什么一定要去退了？这一切得从他们的家庭条件说起。

这是一位单亲妈妈，爸爸在孩子 5 岁时候不辞而别，两人也没有办离婚。

妈妈为了带孩子，一个人打两份工，一份是早上 8 点前骑着自行车去给别人送报纸，另一份是 8 点后在超市做营业员。两份工作加起来一个月五千块左右，就是家里所有的收入。加上工作并不稳定，所以母子俩的生活非常紧张拮据。

但是妈妈从来不亏待儿子。

别人天天有牛奶喝，儿子也有；

别人顿顿有肉和水果吃，儿子也有；

别人从来不穿有补丁的衣服，她也从来不让儿子穿；

……

唯独一点，别人的孩子有零花钱，她儿子从来没有，为此儿子还闹过几次脾气！

前段时间孩子看上了一个羽毛球拍，可是妈妈认为羽毛球拍在学校体育课上可以随便用，于是不打算给孩子买。可孩子居然借了同学 300 元，先斩后奏，自己擅自跑去买了，然后回家问妈妈要钱准备还给同学！

妈妈是又惊讶、又生气、又着急！

这 300 元对于其他家庭来说或许并不代表什么，但是对于他们家来说，就是意味着好几天的伙食费、意味着 2 个月的水电气费、意味着孩子大半个学期的书本费……

妈妈觉得儿子很浪费，她想找店家说情，把这个东西退掉，把孩子乱花的 300 元要回来，可是店家根本就不理她！她很伤心！更让她不解的是，自己一个人那么艰难，儿子为什么就不听话！

更让人惊讶的是，当老师找到孩子"教育"的时候，孩子居然第一次清楚的知道家里情况的艰难，第一次深刻的感受到妈妈的辛苦！声泪俱下……

因为这位妈妈长期以来的做法，仅此是简化的让孩子去"接受"和"服从"而已，没有尝试，或者说不舍得让孩子去体会生活的不易，不舍得让孩子去吃苦。造成他一直以来把妈妈的节约理解成了抠门和小气！

其实，想要一个孩子听话，最有用的利器，不是训也不是骂，更不可能是强制性的"服从"，而是要让他在生活的点点滴滴中真正的理解父母，要把孩子当成一个可以平等对待的人，该面对的还是要面对，您说对吗？

父母的回答要让孩子能够充分的理解

父母说的有些话虽然孩子听不懂，但是父母把孩子当朋友的感觉会给予孩子积极的鼓励，并从沟通中感受到快乐和满足，对父母的信任感就更多。

家长需展现明确的态度，表达明确的意见，这样孩子才觉得心里踏实、安稳，所以家长要做到话语直接、诚恳、简洁明了，孩子听得明白，反馈给你的才是清楚和真实的。

首先，它应该对未来的生活有所帮助。一个孩子问妈妈："人贩子是谁"，妈妈回答说："人贩子就是给孩子糖果或蛋糕，然后带着孩子到很远的地方去卖的人。所以，不认识的人给你的东西，你一定不要拿，不要理会他们跟你说的话，就跑了。"从中可以体会到母亲保护孩子的心情，但结果是什么呢？孩子看到陌生人，就会被怀疑是抢劫犯、绑匪，无形中给了孩子一种恐惧感。

当然，如果以为世界上到处都是"好人"，孩子就容易上当受骗，那就更麻烦了。因此，要适当告知孩子拐卖的危险性，同时让他们从小养成与人交谈、玩耍的社会意识。要做好这一点并不容易，但在没有与他人适当沟通、不懂得正确保护自己的情况下，一味考虑如何让孩子避免危险，是行不通的。那样，势必会增加孩子的恐惧感，造成孩子胆小如鼠，神经紧张。

曾有一个7岁的孩子，一听到人贩子拐卖儿童，就变得紧张起来。天黑后他从来不敢出门，即使是在白天听到这个话题也是神经紧张。这个问题的答案不是简单地把知识传授给孩子。即使正确引导了孩子，答案的内容也必须让孩子充分理解，才能对孩子今后的社会生活有所帮助。要特别注意，避免打击孩子脆弱的心灵。比如孩子们对地震的恐惧，很可能是电视新闻报道中看到的地震惨烈场面，地震造成的巨大破坏，以及大人的恐慌所致。

家长们经常说："地震发生时，地面突然剧烈晃动，出现裂缝，房屋倒塌，发生火灾，人痛苦死亡，受伤等，非常可怕。所以地震发生时，要从屋外空旷的地方跑出来。"家长原本想引起孩子的特别注意，结果反而让孩子感到害怕。正因如此，当大地震真的发生时，有的孩子吓得不敢动，有的孩子大声哭喊，听不到大人的呼唤。因此，在遇到这类问题时，大人应向孩子传授地震知识和安全防护措施，消除孩子已有的恐惧。

家长不懂时，应查阅资料或观察实物。既要孩子能听懂，又应该把实情告诉他们。这是毫无疑问的。然而，如"火箭为什么能飞？""为什么会发生地震?"等问题,不具备一定的科学知识,无论怎么解释,孩子都看不懂。解决这类问题的方法之一,就是让他们看一些图片,试着直观地理解。如果问题本身的内容很深刻,孩子显然不能完全理解,理解了一些道理后,通过书籍让他们产生新的兴趣。

最后会出现完全不同的新问题。认证已有的知识,挑战新的问题,对每个人来说都是一件乐事,尤其是对充满好奇心和好奇心的孩子来说。通过对书籍的灵活运用,孩子们很容易将已有的知识与求知的问题巧妙地结合起来。孩子积累了自己的经验,有了解决问题的自信,自然就养成了追求真理的精神。

第三章

了解读懂你的孩子，才能教出好孩子

阳光未来丛书

做个读懂孩子会沟通的好父母

YANGGUANG WEILAI CONGSHU

ZUOGE DUDONGHAIZI HUIGOUTONG DE HAOFUMU

走进孩子的小世界

很多父母都应该对此深有体会，孩子在很小的时候都很听话，不过却越长大越不听话。他们总是要跟大人背道而驰；总是和大人的思想相违背；他们不经常和父母交流，一旦父母开始说话就觉得唠叨；只愿意和同学进行沟通，不想跟家长说话……很多父母都为此很心烦。这都是不理解孩子的表现！其实，理解孩子是每个做父母的都应该做到的。很多亲子关系的障碍都来自于父母不懂孩子的世界，并不知道孩子心中的想法。

很多家长觉得对孩子已经够用心了，不过孩子对他们却还有抵触心理，不想让别人走进自己的生活。这到底是什么原因？

孩子总是需要父母的教育。要想教育出好孩子，不但要保证孩子有健康的身体，保证孩子学习成绩的进步，还要给孩子一个完整、健康的心灵。但是想真正懂得孩子的内心并不是一件容易的事情。许多家长说自己的孩子不知道自己有多苦，自己把所有的都给了孩子却没得到回报，那只是因为他们很少去了解孩子的想法，总是以自己的眼光来看待孩子。时间长了，便会让孩子和家长之间的感情越来越远，当父母发现孩子跟自己的关系越来越陌生时，就会很难将这层堡垒打破。

1. 重视和孩子的眼神交流

从一个人的眼睛里便可读出一个人的心思，时不时和孩子进行沟通和交流是十分重要的。如果当父母和孩子说话的时候不看孩子的眼睛，孩子本能的反应便是没有人重视我，也不会跟父母说自己的心事了。要是家长总是喜欢微笑对待孩子，孩子自然也会跟家长好好交流。

2. 要和孩子说出自己的心里话

家长应该时常和孩子说出自己的真正思想。即使是家庭生活的一些小问题，也可以向孩子征求意见。就算是孩子不能做什么，也可以培养家长和孩子之间的良好关系。在这个过程中，孩子依旧可以感觉到自己存在的价值，所以也会跟父母讲自己的心事了。

3. 发掘孩子的爱好才能了解"心"

孩子的真实想法体现在兴趣上。如果爸爸在周末时能和儿子一起去打篮球，母女一起坐下商量衣服的事情，他们就已经开始走进孩子的世界了……孩子会把家长当作是自己的朋友，因而也不会觉得他们和自己的想法不合拍了。

了解并理解孩子的需求

很多家长认为教育孩子很困难，家长投入很多却得不到自己想要的回报，这是因为孩子没有按照之前的路线前行。导致这种情况的原因在于，父母并不了解自己孩子的真实想法，他们并不真正了解孩子的需要。家长要真正认识自己的教育对象，然后找准目标，这样才可以得到成功。假如父母忽视孩子的需求，只是向一个方面投入大把的钱，就不会取得自己想要的结果。

现在大多数家长都只是注重孩子的物质需要，但是没有注重他们精神上的追求，这是非常不好的。通常，孩子的精神世界培养需要：安全感、相互交流、信任、创造力培养、探索能力、身体成长和独立能力，以及获得成功的需要，另外，还有一些潜在需求（民主的权益和自己隐私的保护等）。家长首先要了解孩子的精神需求，才能教育孩子。

1. 分清"正当需求"和"不正当需求"

要不要满足孩子的要求呢？父母要明白这是孩子的正当要求，还是不正当的要求？假如是正当需求，那么就满足孩子；假如是不正当需求，那就要坚决拒绝。不过，当孩子有所需求时，不要仅限于满足物质的欲望。

2. 尊重孩子的成长规律，要更深入地了解孩子的想法

在现在很多的家庭里，孩子都是家庭的宝贝，父母几乎投入了所有的精力到孩子身上。虽然父母为孩子付出这么多，不过他们却不真正了解孩子的内心世界。就像很多时候在为孩子做房间时的固定造型和颜色，女孩子房间一般用粉色的，男孩则用蓝色的。可是孩子的反应和大人的反应是完全不同的。父母这样做只是出于自己的想象，只是自己的一厢情愿。所以，当家长教育孩子的时候，就要走入孩子的内心世界，按照孩子的成长轨迹，满足孩子的心理需求。

3. 要经过孩子的同意再去给孩子做准备

现在大多数家长都喜欢为孩子设计未来，不会想到孩子的想法，其实这是错误的做法。比如，许多父母都为孩子报了很多特长班，害怕孩子在起跑线上就输了，不过如果孩子不认真去学习、去认知将会是一个很严重的问题。其实大部分家长让孩子上辅导班都只是自己决定的，根本就不管孩子心中是怎么想的，也许相对于去上舞蹈班他可能更喜欢英语。所以，家长要和孩子进行商量之后，才能做出决定。只有孩子喜欢的事情孩子才能认真坚持去做，这样才能得到最后的成功。

读懂孩子审视世界的方式

日常生活中，家长总是不能理解孩子的思维方式。这是为什么呢？因为家长跟孩子总是用不同的眼光看待事物。每个孩子的脑海中都有自己梦想的世界，他们跟大人兴趣不同，他们不会去感受别人设定的那些事情。

这就意味着，虽然孩子年龄还小，不过他们已经会用自己的眼光来审视并分析身边的所有事情，这是家长一定要牢记的，家长们一定要尽量地去理解孩子看待世界的方式。家长要是没有注意到这样的情况，就会经常跟孩子出现矛盾，引起不和。

如果家长不知道自己孩子的真实想法，觉得孩子都是错误的观点，孩子也一定为此觉得很反感。当家长对孩子进行教育时，一定要按照一定的方式去领悟孩子世界的真谛，即使觉得孩子有错误，也要采取让孩子能够接受的方式。

因为不同的家庭教育环境，孩子做事和大人有着本质的不同。家长应努力理解孩子的思想，在那些完全没有机会遇到的问题上不能一棒子打死。即使孩子有些错误思想，只要能够相互理解，孩子也就更能接受父母的思想了。如果家长总是坚持己见，孩子就可能觉得家长太专制了。那么，家长应该怎么去看待孩子的世界呢？

1. 不要忽略和孩子的年龄差距

为什么家长理解不了孩子对世界的看法呢？原因之一就是父母总是喜欢忘记自己和孩子年龄的不同。很多家长都不明白孩子为什么要追星，却忘了自己年轻时的疯狂。所以，家长不应该总想着让孩子按照自己的想法来思考。要是觉得孩子的想法太单纯，家长要设身处地去想象，会不会有一种更好的手段。假如能以这种角度来考虑，可能会有更深的理解。

2. 别忽略了时代的变迁

时代不断发展变化的结果就是每个人所生活的地方和见过的事情不一样，也正因为这样，造成了家长和孩子间看待世界的方式上存在着差异。在以前长辈年轻的时候，他们也会崇拜很多人，有很多偶像，但是如今的孩子心中的偶像一般都是歌星、影星等。当然这是由很多原因形成的。要是家长有足够的时间去了解，那么对于孩子跟家长分析事情的手段不同这件事，家长也就能够以平常心看待了。

3. 走进孩子的世界

每个孩子都有自己的小天地，在思想上、行动上、心理上等方面，孩子与孩子之间都不同。要是家长能理解孩子特有的感觉，能真正理解孩子的内心，这便会让孩子更好地认识这个世界。家长可以通过读孩子喜欢的书、听孩子喜欢的歌曲来改善思维，这样的话，家长便可以走进孩子的世界。

认真对待孩子的逆反心理

很多父母应该对此都深有体会，开始很听话的孩子最后会不服从管教，家长说什么都不听，做什么事都按自己的性子。很多父母都伤心地发现，自己的孩子在对自己用手段。其实这些都是正常的。相关心理学研究发现，孩子成长时候的想法一开始成形，如果父母再强加给孩子思想就会遭到抵抗。面对孩子的这种抵触心理，要是家长心中并不了解自己的想法和变化，不知道孩子为什么会这样，而只是强制对孩子进行管教，这样便会让孩子的抵触情绪更加激烈。

一般来说，家长最担心的便是孩子青春期的逆反。这类孩子一般都比较敏感，而且浮躁，不听家长的话。他们做事有自己的打算和想法；假如家长一直跟他们重复一件事情他们就会显得特反感；他们觉得家长的话根本不可信，别人的说法只会让他们不屑一顾；如果决定要做什么事，无论别人怎么说都不会改变自己的想法；越是阻止便越要去做。很多家长都对这些觉得无可奈何，不能管教又不知道该怎么做，十分为难。如果家长不能正确引导他们的行为，就会对孩子之后的发展有不好的影响。

当孩子逐渐有了自己的思想，他们有自己的理念和想法在里面，因此不管做什么决定，都不想让父母全权安排。孩子倔强只是因为自己在不断地成长，大部分是因为家长不真正的了解他们，没有很好地掌控好如何和孩子交流。那么，为什么孩子会产生抵触心理呢？父母要怎么做才会得到信任化解矛盾，而不是让孩子的反抗心理愈演愈烈呢？

1. 不要和孩子"硬碰硬"

为什么孩子会产生逆反心理呢？其实主要是因为他们害怕外在事物而让自己孤立起来，觉得父母没有给他们足够的尊重，他们便用这样的行为方式，来保证自己跟外界平等。父母要做的便是把自己和孩子的位置相互交换，让孩子感觉到你对他的尊重，然后采用正确的方式给予疏导。如果一对一地硬来，只会让问题更加严重。

2. 别对孩子说太多的"不"

很多家长经常说"不行"。我们经常会听到家长会用一些否定性的词语来命令孩子做事。这些否定性的词语就好像很多的模块来囚禁孩子的思想情感。孩子是有自己的意识的，他们不想让自己被家长摆布，每个孩子都想自己被喜欢。这种否定性的话语只会让孩子更加反感，这会让他们不接受任何人的命令。所以，家长应该知道，孩子已经有了独立自主意识，父母要给孩子足够的成长空间，如果他们犯了错，要宽容的对待他们，并且要跟他们分享成功的乐趣，不要让他们过分受限制。

3. 要注意电视节目等影响和反应

电视或者广播的一些负面宣传也会给孩子造成不良的后果。现在很多电影、电视剧作品都极力美化叛逆者的个人行为，孩子很容易沉迷其中难以自拔，尤其是动画片里的"英雄"行为。因此，父母可以和孩子一起去观看这样的电影，然后让他们知道这些英雄只是存在于虚拟世界里的，在真实的社会里他们也会没有出路。

要明白孩子的长处和短处

孩子在社会关系中生存，一定有好的地方和不好的地方，有优势也有劣势，家长要经常赞美孩子鼓励孩子，教孩子学会取长补短优劣互补，获得较大的进步。但是长期以来，我们教育的理念就是，先找出孩子的不足，然后不断地告诫，让他改正自己的不足。父母总觉得自己没有做错，然后孩子就会有进步了，也就提高了能力。可是事实上并非如此。这样的情况下，孩子会觉得自己没什么用，压抑和自卑的情绪非常不利于他的身心健康。

很多家长都认为自己的孩子满身是缺点，就像不喜欢学习之类，而且成绩都不及格，上课迟到乱说话，自觉性差，总是不喜欢听老师讲话之类。但是作为家长，要是不断数落孩子的缺点，这样会让孩子看不起自己。同时，这些缺点在孩子的认知中扎了根，久而久之，孩子会觉得自己没有改变的可能，也懒得去改正了。其实家长应该这样做——去观察孩子的优点，在指出孩子弱项的同时也要表扬孩子的长处，这样才不会让孩子觉得自己一无是处，这样才能让孩子健康发展。

"金无足赤，人无完人。"父母的眼睛总是看着孩子的缺点，就会心生不耐烦，对孩子的批评教育缺乏耐心与信心，这会导致孩子往不利的方向发展。但如果父母在找到孩子毛病的同时，也能发现孩子身上的优点，发现他的每一点进步，并给孩子一定的赞赏和支持，孩子就会慢慢改掉坏习惯，逐渐了解家长的良苦用心，努力克服缺点。

1. 要用完整的眼光去看待自己的孩子，发现孩子身上的闪光点

有的父母只想看到孩子的成就，其实孩子的内在性格、孩子的待人接物的方法、孩子的喜好和优点都应该是孩子好坏的见证，即便是单看孩子

的学习，也不应仅看孩子的成绩，还要看孩子平时学习的用功程度、孩子优势的学科。家长考虑全面了，孩子的优点也就能被发掘出来了。

2. 正面强化，要让孩子有所作为

当孩子发扬自己优点的时候，最想听到的便是父母的赞赏。所以在面对孩子的优点时，家长应该明白，这是孩子的优点，这会给孩子自信，需要尽可能地发扬。家长需要及时对孩子进行鼓励与肯定，这能让孩子感觉到自己的想法是正确的，让孩子明白到自身的价值，强化他的优点。

3. 别把孩子的优点当缺点

一些孩子总是显得特别淘气，父母总认为这是孩子不服从管教，有的孩子很喜欢读小说，但是家长认为这是不愿意学习的表现，只知道看没有用的书……其实，孩子拥有一颗单纯的心灵，孩子对知识有着很大的渴求，假如家长不用心去了解，就不能发现孩子的优点。

4. 不向孩子的缺点妥协

孩子的毛病是一定要让他改正的，比如说懒散、不讲礼貌、打架斗殴等。如果父母对孩子的这些缺点无视，不仅对孩子的成长有坏处，更是家庭教育中最大的失败。同时，父母在协助孩子改正缺点的过程中，也要有自己的手段，要依照一定的规则，慢慢让孩子改掉自己的坏习惯。

你真的了解自己的孩子吗？

前段时间，电视连续剧《小欢喜》火了。

剧中描写了三个备战高考的家庭不仅面临着升学压力，更面对着亲子关系难题。

恨铁不成钢的妈妈和学渣儿子；强势的单亲母亲和敏感的女儿；空降的父母和冷漠的儿子，误解和矛盾不知不觉悄然爆发。

每个家庭都在爱与理解中学会成长。

剧中人物乔英子，一个单亲家庭的孩子，聪慧而敏感，面对强势的妈妈，小心翼翼的在父母之间周旋。

乔英子生活优渥，家里有好几套学区房，父亲乔卫东是身家千万的公司老板。但是，乔英子并不开心，父母离异、吵架，她觉得都是因为自己；甚至爸爸想要见自己一面，妈妈都会阻拦。她喜欢天文，想去南京大学，妈妈不支持，一心想让她考清华大学。

英子的兴趣爱好被剥夺了，想做的事情都不能去做，她在不断的反抗，却被镇压。

她从来不敢反抗母亲的过分严厉，为了让妈妈开心，她总是委曲求全。她压力很大，唯恐母亲不快。

最后丁一的自杀，刘静得了癌症，成了压垮她的最后一根稻草，她敏感的心灵再也无法承受这样的重压，得了中度抑郁症。整夜整夜的失眠，还不敢给亲人和朋友讲，最后她选择了跳海自杀，幸亏父母及时赶到挽救了她的性命。

乔英子曾哭诉到，"我已经三十四天没睡过一个好觉了"，"我不知道为什么，就是想逃走"。

看到这里，我的心情久久不能平静，扪心自问，我们真的了解自己的孩子吗？作为父母，你是否清楚的知道他们的脆弱和敏感？是否认真的思考过他们的快乐和悲伤？

父母更应该多关注生性敏感的小孩

琳琳的小外甥 10 岁了，圆乎乎的脸蛋，黑漆漆的眼睛，非常可爱。

一天，妹妹急匆匆给琳琳打电话，说外甥得了肺炎住院了，自己公司有事走不开，让琳琳去照顾几天。

琳琳赶到医院的时候，外甥正在输液，小脸蜡黄，病恹恹的，一副无精打采的样子。

看见琳琳过来，他非常紧张地问："姨妈，输液会死吗？""当然不会了，放心吧。"听到琳琳说，他这才放下心。

"姨妈，我不喜欢咳嗽，我一点也不喜欢咳嗽。"小外甥皱着眉头说，"我也不喜欢医院，我想逃跑，拔掉针头立即跑回家！"

晚饭的时候琳琳告诉他要多喝些牛奶，能长高。

"又说长高，又说长高！妈妈整天说我不如小明高，我都被气死了，我想自杀，那天我趁妈妈让我拿快递的时候，偷偷坐电梯去了 24 楼，我就想从楼上跳下去。后来，我坐了很长时间，又下来了。"

琳琳惊出了一身冷汗，他才是十岁的孩子呀，现在的小孩怎么这么敏感这么细腻？

住院的孩子医生怕感染，不允许外出，小外甥特别想念家里的小妹妹，口口声声，念念不忘。

琳琳说，那我们给妹妹微信视频吧，你不是很想她吗？这样就可以看见妹妹了。

小外甥想了一会儿，摇了摇头说，不，姨妈，你不知道吗？我越见她就会越想她，还是不视频了吧。

过了一会儿，他又很认真的和琳琳说，可以让妹妹来陪护我吗？医院不是说要女家属陪护吗？妹妹是我的女家属呀！

天啊！这个女家属才三岁呀，怎么来陪护哥哥呢？

看着外甥愁眉苦脸的样子，琳琳说，宝宝，快看，太阳升起来了，新的一天又开始了，多有意义呀！

外甥很不屑的说，有什么意义？在家里我是按天计算的，在医院是按秒计算的，每一秒钟都这么无聊！

多少可爱的孩子啊！他们细心、敏感、天真、善良，但又容易焦虑、多疑、恐惧、不安。

他们会对每一个人倾注爱心，又会因为一件小事而伤感自责；他们会在妈妈生病的时候第一时间送药，也会在朋友离别的时候痛哭流涕。这样的小孩，父母应该给予他们更多的关注。

八成孩子认为：父母不了解自己

虽然每个家长都是血缘上的父母，但是在心理上和教育上，其实在中国有很多家长是不合格的。

说一个很震惊的例子。一个孩子大概在一年级放暑假的时候，家长现在已经记不得因为什么事情训了他，反正他肯定有错，家长训完他以后他就回到自己的房间。大概过了半个多小时以后，家长路过他房间门口，看到他背着窗户，两个肩膀一耸一耸地在抽泣。家长看到他在抽泣，心想孩子肯定是哭了，不高兴了，家长就去安慰他，说刚才是不是话说重了。孩子本来是轻轻地抽泣，结果家长这样一说以后，孩子抽泣得更厉害了，他说我也有自己的尊严呀。家长开始训他的时候，根本没想到一年级的孩子有什么尊严哪。孩子说了这话以后，真的像刺了家长一下。家长还是学过心理学的，可是家长真的没有懂得孩子的心理。其实现在很多家长真的不了解孩子。我们看一个调查：长沙市开福区对100名中小学生和他们的家长进行了问卷调查，调查结果令大家很吃惊。60%的家长认为自己了解孩子，超过调查人数的一半。可是84%的孩子认为父母根本不了解自己。反差多大啊！

在幼儿阶段，从婴儿开始，最初的思维比较多的是直观的动作思维，很多东西你给他讲他听不懂的。比如说我们把一杯滚烫的开水倒进玻璃杯，告诉他这个东西烫，不能碰。他说什么叫"烫"，他不理解，你让他亲自用手碰一下，触摸过了才知道那叫"烫"，他是通过一个动作理解了"烫"，所以光跟他讲抽象道理没有用。然后再逐渐过渡到具体形象思维，要借助具体事物的形象，要借助自己做过事物在头脑中形成的表象。

比如有一对夫妻都是大学毕业生，辅导自己家的孩子写小学一年级的应用题。这道应用题是文字题，其中有一句话叫白兔比黑兔多三只。可是这孩子死活不理解，一直认为黑兔比白兔多。父亲颠过来倒过去解释了无数遍，结果他就是不理解，后来父亲不干了，换母亲上场。母亲说，你把这句话给我读出来。他读了白兔比黑兔多三只。问他什么兔多，还是黑兔。结果这对夫妻实在不耐烦了，就训斥孩子，说这么简单你都不理解。孩子被训斥之后也着急了，说明明白纸黑字写得清清楚楚，黑兔多三只，你们俩怎么都说白兔多。我们认为很简单，但是他不认为简单。

比如一个孩子上托儿所的时候，有一次爸爸带他去托儿所，他问爸爸这是什么，爸爸说这是水泥。水泥干什么用的？人家修房子用的。为什么修房子？爸爸说房子用的时间长了。房子为什么用的时间长了？好多年前人家没地方住。那好多年前人家为什么没地方住……他会连续不断问爸爸几十个为什么。针对这种情况，其实有些问题的答案我们作为教育者，家长或者老师，可能自己也没有把握，但是我们要有一种态度，要应对他。不然的话，你总是说他烦死了，或者是用标准答案来控制他，因此孩子以后就没有问问题的意识了。所以有人讽刺，说孩子在入幼儿园、入学校之前是大大的问号，受若干年的教育出来以后什么问题都没有，都变成句号了。

父母要读懂孩子的情感特征和行为特征

孩子的情感特征表现在幼儿阶段首先是逆反心理，在人的成长过程中，幼儿时期他会逆反，然后到了青春期他会逆反，不听老师、家长的话，你叫往东他往西，给教育者带来了难题。但是我们教育者包括家长要意识到，这是成长过程中表现的一种正常现象。如果你指望孩子从来不逆反，从小到大每句话都听你的，那这个人这辈子没出息。

第二个特征是自我中心，只从自己的角度来考虑，这是一个很强烈的表现，很多心理学实验证明过这一点。自我中心在行为上、在情绪里就表现出来，可是我们家长不理解。比如小伟以前住集体宿舍的时候，隔壁住了一个小朋友，冬天快来了，她妈妈给她买了一件漂亮的新棉袄。第二天早晨上幼儿园之前给她穿上新棉袄，结果她就是哭闹。妈妈不懂得孩子为什么哭，但早上时间宝贵，来不及问什么原因，也不给她讲道理，把棉袄给她穿上就下楼去上幼儿园。到了傍晚孩子从幼儿园回来，小伟就问，你妈妈给你穿了一件很漂亮的新棉袄上幼儿园，你为什么还要哭还要闹。结果她说那朵花在背后有什么意思。原来在这个新棉袄的背后绣了一朵大红花，我们正常的穿法就是这个花在背后，可是她自己看不见，想把这个棉袄从前面套上，扣子扣在后边，这样低头就可以看到那朵大红花，就满足了。这是她的愿望，可是我们成人包括服装设计师根本没考虑到幼儿的心理，她妈妈也没考虑到幼儿的心理，就认为孩子不讲理。

另外，他们的嫉妒心强，我没有的你有，我千方百计让你变得没有。再者，现在的孩子缺乏快乐，尽管整个社会的经济在发展，家庭经济在发展，可是经济发展与快乐指数不成正比，孩子也是这样。因为我们给予他的负担太重，我把现在的孩子称为"千斤顶"。"千斤顶"是很小的东西，他要把一辆两吨的汽车顶起来压力很大，为什么这么说？因为在教育方面，如果有压力，总有办法往下移。

那孩子行为特征是如何显现的呢？孩子什么事情都想自己做，有自己的需求，要发展自主性、主动性。可是我们的家长，爷爷奶奶不让他自己做，一个很小的书包也不让他背，什么事情都不让他做。按理说幼儿园阶段可以给予孩子很宽松的环境，让他自由地、无拘无束地表达。可事实并非如此，比如孩子在幼儿园的时候，孩子出去春游、秋游以后，要求回家完成布置的作业：把所看到的、听到的、想到的东西，讲给爸爸妈妈听，然后由爸爸妈妈把孩子说的话记录下来，整理出来，打成电子稿，配上旅游的风景交给老师。很多家长都爱面子，孩子的讲话显然是不合语法的，逻辑性不强还会重叠，可是家长整理得漂漂亮亮以后交给老师，老师看到哪儿好就用红笔画出来，挂在走廊两边的橱窗里面，然后家长相互看、相互攀比，最后这些东西全是家长的作品，不是孩子的作品。

还有比如在孩子成长过程中，在幼儿阶段语言发展容易出现假象的、表面的口吃现象，说话时一个一个词汇不断地重复，一句话说得断断续续。我们看起来就是所谓的结巴、口吃，但是这不是真正意义上的口吃，不是作为人格特征的口吃，而是在成长过程中暂时的现象。因为在这个年龄阶段，孩子没有掌握语法结构，词汇很贫乏，说了一个主语以后，他得想后面的谓语动词应该跟什么？所以他就不断地把前面那个主语重复再重复，然后再等待，于是就表现得结巴，我们讲外语也是这样。很多家长看到这种情况以后就训孩子，说想好了再说，慢点说，不要结巴。大人越训孩子，让孩子越紧张，孩子可能真的成为了结巴。所以在这个年龄阶段出现这种语言表达不畅的暂时现象，我们别管，当孩子掌握语法结构了，词汇丰富了以后，就像我们学英文熟练以后，讲话自然就流利。

另外，孩子会表现出老毛病重犯的现象。我们不可能指望通过一个阶段的教育，就彻底消除孩子的不良的行为，消除不掉，孩子会出现几次反复。比如孩子的不良行为表现频率很高，经过大人慢慢教育、训练以后，慢慢下降，下降到一定程度，或者几天以后，或许大人没有关注孩子，或者不在孩子跟前，结果孩子又出现老毛病重犯，然后经过慢慢训练又好转，好转以后再过几天又反复。所以一个不良行为的消除，包括一个观念，会经历若干次的反复。所以在教育里出现一种原理叫做反复抓，抓反复，这是有必然性的，是我们要了解的，不能一有反复就说这孩子无可救药了，就放弃。

读懂孩子，才能教出好孩子

曾经有过这样一则短片：在一节美术课上，年轻的女老师让孩子们在纸上画自己喜欢的动物。孩子们画得不亦乐乎，有猴子、公鸡、小猫……一个小男孩很快引起了老师的注意。他用黑色的蜡笔把一大张纸涂成一片黑色。老师看到后感觉很奇怪，就告诉了孩子的父母。父母发现孩子在家也用蜡笔把白纸涂黑，联想到老师的话，他们惶恐地把孩子送到医院。众多专家给孩子会诊，结果判定孩子精神有问题，让孩子留下住院。

小男孩在病房里依旧不停地把白纸涂黑，一张又一张。几天后，老师去教室为小男孩收拾课桌，从抽屉里找出一盒拼图，她猛然醒悟过来，冲出教室跑进医院的病房。护士正要把孩子画的黑纸扔掉，老师连忙抢过那些纸，立刻在地上拼了起来，奇迹出现了，原来把孩子画的那些纸拼起来，就是一条黑色的鲸鱼。

这个故事不免让人心里有些沉重。从故事的结局来看，这个孩子思维方式与众不同，有独特的创意。然而，如果那位老师没有看到拼图，她就永远无法猜到孩子在做什么。如果孩子因此接受精神方面的诊疗，或许会影响孩子的一生。

不论是家长还是老师，当我们遇到想法或行为特立独行的孩子时，我们是否会马上从心里否定他，急于纠正那些我们认为不合常理的思想和行为，却没有从孩子的角度换位思考：为什么他会产生这样的想法？为什么他会有与众不同的行为？孩子是不是看到了一些我们无法看到、无法理解的东西？

实际上，孩子的内心世界远比我们所认为的要缤纷多彩。与孩子相比，我们的思维和想象力简单得可笑。在这一点上，中国家长表现得尤为突出。有这样一个故事：一位中国母亲在德国时，德国房东的三年级孩子给她看他的一篇作文，孩子的愿望是将来当个马戏团小丑。当时中国母亲的第一反应是这孩子怎么如此胸无大志。当她看到孩子老师的评语后却很感慨——老师在作文后面真诚地表示：祝你将来成为一个把欢笑带给全世界的人。

每一个家长、每一个老师都曾经是孩子，跟孩子相处时，应该站在孩子的角度，用和孩子相同的视角。而真正能站在孩子角度的人，才是能够走进孩子内心的人。

有原则的父母，才能教出懂规矩的孩子

俗话说，无规矩不成方圆。

在社会生活中，一切事情都有规则，如果我们不去遵守这些规则，那就会在社会中格格不入，事事皆不能顺心，也就别提幸福可言。特别是对孩子来说，需要在社会生活中不断地获取社会生活规则，培养规则意识，也只有"懂规矩"，才能更好地融入社会生活。

然而，同样的年纪，有的孩子"懂规矩"，有的孩子却"不懂事"，问题都是出在我们家长的身上，因为有原则的父母，才能教出懂规矩的孩子。

父母都是爱孩子的，都舍得为了孩子付出一切，但有些父母的方式方法却并不能让人认同。他们总是觉得孩子还小，不舍得用一些规则来约束和限制孩子，总觉得孩子长大了这些就都懂了，小孩子就是应该释放天性，无拘无束。这其实是一种纵容。孩子从小如果没有爸爸妈妈制定的规

矩来约束，他就不会懂得判断自己言行是好的还是坏的，长大了更可能为所欲为。

其实"自由"和"规矩"并不是针锋相对的，相反，还相辅相成。"自由"就是车轮，而"规则"好比是方向盘。方向盘虽然限制了车轮，但却保证了车轮正确的前进方向，规则对我们也是如此。

父母没有原则，一味妥协，这不是爱，而是对孩子的一种深深的伤害。我们经常见到有的父母带着孩子在商场里，孩子看中了一样玩具，大哭大闹一定要买，父母最终无奈只能心软做出让步。很多时候，虽然父母也为孩子制定了规则，可当孩子开始哭闹，往往大人就自乱了阵脚，失了分寸，没了原则。可当我们不忍孩子伤心、失望，无奈向孩子妥协的时候，规则就成为了笑谈，孩子将会变得更加任性、无理，更加的不懂规矩。甚至很多当代"巨婴"也都是父母在其儿时一味地迁就所酿成的恶果，他们不懂感恩，不懂规矩，游离于社会规则的边缘，甚至酿成惨剧。

曾有一位家长带孩子去参观博物馆，孩子在博物馆里吃东西、跑跳，当博物馆的工作人员出面阻止后，这位家长不仅没有为自己没有管好孩子自责，竟然还投诉博物馆不让孩子跑跳和吃东西，认为博物馆管得太宽，不让孩子释放天性。这样家长教出的孩子，没有规矩的约束，将来又怎么能不吃苦头？在家里父母可以惯着他，可是在社会生活中，谁会让着他？

曾有过这样一件事情，一个孩子在超市里偷了一个面包，老板找来了孩子的家长向她说明情况，没想到那个家长当着孩子的面，毫不客气地对超市的老板说："都是乡里乡亲住着，孩子饿了，拿你一个面包怎么了？我不给你钱吗？"

这位家长的强词夺理让在场的人目瞪口呆，超市老板也哑口无言，那孩子本来低着的头一下子抬了起来，仿佛是找到了靠山。可能当时孩子心里会想："原来我这么做是没错的，原来超市里的东西也是可以随意'拿'的。"

家长的毫无原则，极力袒护，可想而知，这样的教育下，将来孩子会是什么样子，一个面包是小事，可是将来他若是"拿"到了别人家里呢？

当不遵守规则演变成了不遵守法律，可否能回想起当初，为当日的情形悔恨呢？

孩子的成长过程中犯错并不可怕，怕就怕家长以"他还是个孩子"为理由庇护他，从而使他不懂得对自己的行为负责。对原则的遵守，这是对孩子负责，也能够让孩子学会为自己的行为负责。

《家庭教育》一书中说："有规矩的自由是活泼；没有规矩的自由叫放肆。"无条件的爱孩子，是为人父母的本能；让孩子在有原则、有规矩的爱中成长和不断前行，是父母的责任。只有父母坚持原则，才能让孩子懂规矩，聪明的父母绝不会对孩子纵容，这才是对孩子真正的爱。

第四章

让孩子真正接受你

阳光未来丛书

做个读懂孩子会沟通的好父母

YANGGUANG WEILAI CONGSHU

ZUOGE DUDONGHAIZI HUIGOUTONG DE HAOFUMU

要知道归属感是孩子最早的安全感

建筑师要想修建一所结实的房屋，需要有又稳又深的地基。人的生命要想健康长久地成长，也需要有稳固的地基。小孩出生后，地基便开始"建筑"，在这里，生命的地基便是人的"安全感"。

安全感是一种人在社会生活中感到安心不害怕的感觉，当环境中可能出现对身体或者心理有危险甚至潜在危险的情况时，安全感能够使人预感到出现的环境变动，人在其中主要表现为确定感和可控感。

安全感是生命的地基，即心理健康的基础，孩子在满足了安全感的基础上才能带着稳定的心理去探索未知的广阔世界，追求更高一层的需要，带着自信心去和小伙伴打交道，融入学校生活里，在小伙伴和学校里体会到自己的价值。相反，如果孩子有过度的不安全感，将会引发孩子的心理问题和疾病，导致精神障碍，甚至神经症。

当孩子从妈妈身体中分离出的那一刻起，脱离了妈妈身体的庇佑，孩子面对陌生的环境十分恐惧和不安。为了减少恐惧，孩子会在妈妈那寻找心理上的安全感和归属感。而这安全感和归属感会成为影响孩子身心健康的基础。变动可以引起孩子极大的无归属感和无安全感。

2009 年，深圳市妇儿工委办联合市妇儿心理咨询中心对全市 1500 个 8 岁~17 岁的流动儿童心理情况进行了抽样调查。调查结果显示，深圳市近六成流动儿童感到自卑、敏感、情绪不稳定，他们与人交往合作能力较差。其中，自卑是这些流动儿童心理问题的集中表现，近 30% 的流动儿童感受压抑、被歧视，认为城里人看不起他们。这些孩子大多性格内向，行为拘谨，自卑心理较重，自我保护、封闭意识过强，存在相对孤僻性，以至于不敢与人交往，不愿与人交往。占一半以上的流动儿童通常是与自己的老乡一起玩耍，因为熟悉和有伙伴，这些小孩更喜欢老家，而不是现在生活的地方。

流动儿童的出现是由于我国经济的快速发展，越来越多的农村剩余劳动力及其孩子流入城市里引发的现象。这些孩子出现的自卑、敏感、情绪不稳定等各种心理问题，都是由于流动问题导致他们没有家的归属感。孩子在幼年时期缺乏家的归属感在流动儿童中最为典型。妈妈们可以从这些流动儿童中看到归属感对小孩的人格发展的影响是多么重要。

所谓归属感，是指孩子觉得自己属于爸爸妈妈组建的家庭中的一员，属于学校班集体里的一员，属于伙伴们中的一员。在这一个个集体中，自己被集体中的其他成员接受、认可，在集体中是有价值的，必须存在的，不是可有可无的。当孩子觉得自己被加入的群体接受时，会感到一种安全感和踏实感。

据有关研究发现，归属和爱的满足与生活满意度有很高的相关度。流动儿童因为生活的颠沛流离，又因生活条件不足导致的缺陷而得不到归属和爱的满足。美国著名心理学家马斯洛在 1943 年提出"需要层次理论"，他认为，"归属和爱的需要"是人的重要心理需要，只有满足了这一需要，人们才可能"自我实现"。

研究人员给 31 名严重抑郁症患者和 379 个社区学院的学生寄出问卷，问卷内容主要集中在心理上的归属感、个人的社会关系网和社会活动范围、冲突感、寂寞感等问题上。调查发现，归属感是判断一个人是否可能经历抑郁症的最好预测剂。归属感低是一个人陷入抑郁的重要指标。

早在 1998 年夏天，美国心理学专家就断言：随着中国商业化进程的不断推进，心理疾病对自身生存和健康的威胁，将远远大于一直困扰中国人的生理疾病。上述表现概括起来就是思想上无所寄托，生活上丧失信心，对亲友无牵挂感。说到底就是归属感不强。

在孩子的安全感形成过程中，归属感是孩子最早的安全感。归属感和安全感从来都是相伴左右，有着密切的关系的。妈妈们在孩子小的时候，给了孩子充足的归属感，孩子能够体会到父母的爱和家的温暖。孩子会对世界感觉到安全，认为这个世界是安全的、可靠的、善良的，并在此过程中建立对世界和对自己的基本信任。因此，妈妈要给予孩子充分的归属感，让孩子感受到安全，并在安全的环境下健康成长起来。

爱孩子，不妨直接告诉他（她）

孩子在成长过程中需要糖、蛋白质、脂肪和维生素等各种营养物质，父母为了孩子的健康成长也尽最大努力为孩子补充各种营养素。然而孩子们不光需要物质上的营养品，还需要另外一种特殊的营养物质——对孩子爱的表达。

科学研究显示，如果婴儿能够得到妈妈更多的拥抱和抚摸，那么孩子长大后就会遇事不惊、沉着冷静，并善于调节自己。妈妈的关爱为何与孩子今后的个人素质产生了神奇的关系呢？这其中的奥妙便是拥抱和抚摸会使孩子大脑中的激素水平明显不同，抚摸会使体内的"压力激素"水平降低。这就是触摸与爱抚的神奇作用，专家解释说，触摸能刺激孩子体内分泌更多的激素。此外，触摸还能诱发分泌另外一些激素，这些激素可以促进营养成分的吸收，使孩子保持良好的身体状态。

有报道说，有位年轻夫妇单位距家远，每天早出晚归，每当他们回到家中时，孩子已经睡着了。为此他们感到很内疚，双休日给孩子买来爱吃的食品和玩具，可是孩子又砸又摔。爸爸看到儿子如此"无理取闹"，气急了就狠狠地打他的屁股。可这时孩子却静静地趴在爸爸的腿上任其打，并有一种奇特的满足感。这种情况以后又反复发生，令家长无法理解。殊不知，这正是孩子长期得不到亲人的爱抚与触摸，感情营养失调而产生的变异现象。这种"无理取闹"，实际上是一种无意识地企求父母"皮肤触摸"的反常行为。

心理学家研究认为，人类和其他所有热血动物一样具有一种天生的特殊需求，即互相接触和抚摸。这是一种无声的爱的语言，是必不可少的良性刺激，是儿童发育的心理营养素。这是一种情感上的需求，而这种需求是无法从饮食中得到满足的。孩子们这种天然的感情需要，若能从感觉上给予适当的满足，他们与父母的感情就会更加深厚，心理就会产生良好的刺激，大脑的兴奋与抑制也会变得协调，因而能更好地促进大脑的发育和智力的提高。妈妈如果爱孩子，不妨直接用语言和行为告诉他（她）。

如果经常对孩子说"我爱你""真高兴，你是我的宝贝"等体现对孩子的爱的话语，以及经常拥抱、抚摸和亲吻孩子，会慢慢地给孩子以自信。孩子们长大后注定要在充满压力的环境中生存，而自幼就得到亲子行为温暖的人更能应对社会环境的压力，并避免那些与压力有关的疾病。

因此，为了您的孩子身体、智力的健康成长，一定不要忽视抚摸的作用。家长应积极为孩子创造条件，让他们通过正常、合理的方式来满足这种心理需求。具体说来，应从以下几个方面入手：

首先，建立一个温馨、和睦的家庭。在温馨亲切的家庭和亲密无间的氛围中成长起来的孩子，大多数性格开朗活泼，心理素质好。

其次，尽量自己哺乳。母乳不仅营养丰富，还可以增加母婴之间的皮肤接触，增进母子之间的感情。宝宝在母亲的温暖的怀抱中，安静地"享受"母亲甘甜的乳汁，对促进身心健康、解除"皮肤饥饿"大有裨益。

再次，掌握"皮肤饥饿"的周期性。人的某种需求是有周期性的，孩子的"皮肤饥饿"同样也有周期性。对于婴幼儿，每天至少应由父母搂抱一次，每次临睡前再做一次背部或颈部的按摩。对于大一点的孩子，则要全身地搂抱，抚摸背部、颈部或按摩手臂。

最后，想方设法弥补不足。工作极其繁忙的父母，如果没有时间与孩子接触，可托付给爷爷奶奶或外公外婆照料，但要嘱咐他们每日搂抱、抚摸孩子，时间不少于两个小时。外出散步、游玩时，不要总是推着童车，也要适当给予孩子搂抱或抚摸。

再忙也要留下和孩子对话的时间

一个初中一年级的男生曾经对老师说："我很害怕放假。"老师很奇怪，就问他究竟是怎么回事。他说："放假在家里，爸爸妈妈都上班了，只有我一个人在家，我特别害怕，也很孤独，根本没有人跟我说话。爸爸妈妈一点也不了解我，他们只会问：'作业写完了吗？''这一天你都干什么了？'他们从来不问我在想什么，也不和我聊天。我想说的话只能晚上说给星星和月亮听。我不喜欢放假，我喜欢上学，因为学校里有同学，和同学在一起我感到很开心。"

一项"家庭教育大调查"显示，60%的妈妈每天与孩子相处的时间有4个小时左右，亲子共处时，最常从事的活动是：35%的妈妈看电视，25%的妈妈在辅导孩子学习，剩下的则是其他活动。而妈妈每天和孩子说话的时间，则基本上在半小时以内，而且说话的内容多是"教育性"的。

许多妈妈觉得给孩子吃好的、穿好的，关心他的学习，孩子就会感到很幸福。其实科学研究证明，最有威信的妈妈反而是那些每天能安排一些时间和孩子说话的妈妈。要让孩子感到幸福，绝不仅仅是提供物质上的满足，更重要的是与孩子在精神上有很好的沟通。而每天抽出一定的时间陪陪孩子，就是与孩子进行精神交流的最好渠道。

但是在现在的社会中，上班族妈妈越来越多，他们常常是在跟时间赛跑。有时回到家里，孩子已经睡了。然而，聪明的妈妈总是能够挤出时间陪孩子聊聊天，分享他的心情。

下面这个职场妈妈就想出了一个聪明的办法：

我把抽出时间与儿子交流作为每天的工作内容之一。我下班晚，于是就要求自己每天中午必须抽出半小时与儿子"煲电话粥"。开始的时候，我主动打电话给儿子，问他学习有什么困难？老师对他有什么要求？需要妈妈给什么帮助？开始，儿子不太喜欢说这些，但是经不住我的启发和开导，慢慢地他就把学校的困难，与同学的交往，甚至有哪个同学欺负他等等，都讲给我听。

听完他的问题，我会帮他分析原因，引导他正确处理，使他感到每次与妈妈"煲电话粥"都很愉快。渐渐地，每天中午，我不打电话给他，他就会打电话给我，向我汇报学习上的困难，讲述生活中的趣事。他还调皮地称中午时间是"妈妈时间"。

其实，即使真正陪伴孩子的时间很短，但是只要注重质量，仍然能让孩子感受到你对他的爱，建立良好的亲子关系。当孩子感到妈妈的爱与关怀的时候，他的情绪就会变得稳定，自信心就会持续增长。

注重与孩子的情感交流，是妈妈与孩子成为知心朋友的前提。与孩子交流的时间最好选在吃饭时和睡觉前，因为这是孩子情绪最为平稳的时候。职场妈妈在工作时，可以暂时把孩子交给保姆、老人或者学校，但是谁也取代不了妈妈在孩子心目中的地位，你一定要挤出时间陪孩子，因为孩子需要和妈妈"单独在一起说话"的时间，他需要从与你的对话中感知你对他的爱，从而获得安全感和幸福感。同时，他也需要你来与他一起分享喜悦，分担痛苦。如果缺少妈妈的陪伴与沟通，孩子就容易"情感饥饿"。"情感饥饿"的孩子可能会特别任性，偶尔还会做出一些古怪的行为，以引起妈妈对他的注意，同时也可能极端自闭，郁郁寡欢。当孩子出现这些情况以后，妈妈才发现自己的失职并且后悔不已，很可能已经来不及了。因为要修补受到伤害后的亲子关系，解决孩子的"情感饥渴"问题，或许要花很长很长的时间，也可能永远也不能实现了。

不要让小孩"心累"

怀瑶由于刚刚上了初中，对初中的学习和生活不太适应，所以每天疲于应对各科作业，对那些课堂小测验更是应接不暇，后来干脆连碰都懒得碰书本，总是用尽各种方法逃避上学，迟到早退，赖床，无所不用其极，最后索性不再去上课。

怀瑶的父母很是着急，怎么劝说都没用。问她原因，她也只是说看不清黑板上老师的板书或者身体不舒服等。面对父母的责备，怀瑶的情绪也反反复复，今天说一定会努力，争取考上重点高中，明天又说不考了。

怀瑶的情况其实就是学习上的疲劳。学习上的疲劳分为两种，一种是生理性疲劳，这种疲劳用短暂的休息就能得到消除；另一种是心灵上的疲劳，这种疲劳单靠休息是不行的，怀瑶这种正是由于功课和考试的紧张所导致的心理上的疲劳。当孩子遇到类似于这种情况时，妈妈就需要严加注意了。

一般情况下，心理疲劳表现为无精打采，对曾经爱好的事物也提不起兴趣。举例来说，体育场上的运动员比赛，胜利的一方会因胜利的喜悦而冲刷掉疲劳显得生机勃勃，失败的一方则通常会表现的懊丧不已，甚至会短暂地失去信心。即使提起精神应对下一场比赛，也会失去热情，丧失斗志。

别以为孩子年纪小，就不会感到疲劳。孩子同样会出现心理疲劳的现象，具体到行为上，就会表现为不想上课、不愿做作业、注意力无法集中、对父母过问学习上的事表现得极其不耐烦、上课打瞌睡、下课也不够活跃等等。这种心理上的疲劳一般都不是突然发生的，而是长时间的压力过大导致精神紧张所造成的。长期在这种紧绷状态下，孩子就会因为精神后劲供应不足而产生心理疲倦，学习精神也随之衰竭。这就像心脏血液的供给，一段时间内处于高速供应状态，一旦出现纰漏，那么就很容易出现心脏衰竭的情况。

科学家研究表明，如果只讨论大脑的话，大脑即使在工作 8 到 12 个小时之后，也完全感受不到疲倦。那么，孩子的这种疲倦感又是从何而来呢？

如果让一个成年人连续不断地做一件事情时，他也会感到厌倦，孩子就更是如此。厌倦的情绪会令人提不起精神，做事无力也无热情，进而形成心理上的疲劳。如果妈妈发现孩子已经有心理疲劳的迹象，那么就应帮助孩子放松，多和孩子唱唱歌、听听音乐、做做游戏等，多让孩子感受生活的乐趣，同时放松身体。有的时候，身体疲劳的减轻也有助于心理疲劳的缓解。

对孩子过高的期望也会给予他沉重的压力，进而造成心理疲劳。如果孩子达不到家人的期望值，就有可能会对自己的能力产生怀疑，甚至还会自暴自弃，这无论是对孩子当前的学习还是今后的生活都会造成极其恶劣的影响。身为孩子的妈妈，更要经常对孩子表达鼓励之情，巩固孩子的自信心，即使他取得了一丁点儿的进步，也要及时进行鼓励。成功是一步一步走出来的，即使孩子一时失败了，也要相信他，不要让他过于自责，因为一定的自我反省可以让人得到发展，但如果过于自我苛责的话，非但不会发展，反而会让孩子消极。

股神巴菲特曾经这样总结他的商业经，"我和你没有什么差别。如果你一定要找一个差别，那可能就是我每天有机会做我最爱的工作。如果你要我给你忠告，这就是我能给你的最好忠告了。"比尔·盖茨和巴菲特总结的也是差不多，"每天清晨当我醒来的时候，都会为技术进步给人类生活带来的发展和改进而激动不已！"可见，保持积极的心态，对所做的事情充满喜爱之情，是避免心理疲劳的最有效办法。

因此，妈妈就要在平日的生活中多挖掘孩子的兴趣，让孩子对所做的事物充满喜爱之情，让他摆脱疲倦的状态重新燃放出活力，这是最重要的。对于学习来说，不以分数为衡量孩子价值的区别，不做横向比较，多做纵向比较，和孩子一起理好近期和远期的奋斗目标，这是妈妈最应该做的事。

总而言之，当你的孩子对事物感到厌倦时，不如就让他停下来歇一歇，告诉他"妈妈理解你""你做到现在已经很棒了，对自己的要求要符合你自己的实际情况，不要过分苛责自己""只要你尽了力，无论什么结果，对于妈妈来说都是最好的"让孩子感受到来自妈妈的关心、理解和关爱，这是解除他心理疲劳的最有效的办法。

开心的父母才有快乐的孩子

对每个妈妈来说，让孩子生活得幸福快乐，让孩子时刻感受到自己被爱和快乐所包围，是宁愿倾自己所有也愿意为孩子实现的。从某些方面来讲，孩子的幸福就是为人父母的幸福，当你忙碌一天回家，看到孩子那张洋溢着快乐阳光的脸时，便会觉得再辛苦也值得。

如何才能让孩子体会到幸福快乐呢？妈妈永远都是孩子的典范，一个懂得营造家庭轻松气氛，让家里充满温馨，懂得如何让生活轻松而快乐的妈妈，对于孩子的成长中所起的作用是老师或者孩子周围任何其他人都替代不了的。美国作家杜利奥曾说过，只有开心的父母，才有快乐的孩子。

友岚是一名小学生，学习成绩优秀，还弹得一手好钢琴，同学们都很羡慕他有一个作曲家爸爸。可是友岚却一直闷闷不乐的。有一次，友岚去同学家里玩，这个同学家里条件没有自己家里好，但是家庭很温馨。回家的时候，友岚拉着同学妈妈的手说："阿姨，我真想住在你们家！"原来友岚的爸爸总是忙于自己的工作，由于工作的特殊，爸爸的眉头总是拧得紧紧的，每当缺乏灵感他更是会大发雷霆。这种情况下，友岚的妈妈总是一声不吭地躲进房间抹眼泪。

对于孩子来说，家庭是可以避风的港湾，即使受到再多伤害，只要一回到家，就能重获安全了。在一个幸福快乐的家庭里成长起来的孩子，比那些在不幸家庭里的孩子要幸福得多，因为他们从小被快乐的氛围所熏陶，自然就会有乐观的性格，遇到事情能以乐观的心态看待并积极地想办法去解决，而不是消极的逃避或者听之任之。

孩子的情绪很容易受到大人的影响。做一个快乐的妈妈，比做一个为了孩子而放弃了自己快乐的妈妈，为孩子带来的幸福要更加的长久。有些父母省吃俭用一生，为孩子牺牲太多，每天很少有余力去开拓自己的兴趣，这也相当于放弃了自己的一部分快乐。每个人都有自己的精神世界，放弃了自己兴趣和快乐的父母无形中就会将自己放弃的东西寄托在孩子身上，这样一来免不了会为孩子带来压力。试想，一个背负了巨大压力且生活在没有欢声笑语的家庭里的孩子，又怎么能感受到快乐呢？

志泽在和朋友的一次聊天中，回忆起了年幼时爸爸妈妈为了节省从未吃过一顿好的，从未穿过一件好衣服……于是，他下定心："一定要舍得为自己花钱，平时多出去玩玩，和朋友到处逛逛，要让自己开心，不要想着为孩子省钱而放弃了自己的快乐。即使你已为人父母，也有享受自己生活的快乐的权力。"

志泽的一位朋友对此也深感认同。她的妈妈是一位永远懂得如何追求自己的生活目标的人，"每次想到她，我就可以全身都充满活力去追求自己的目标，战胜困难。"

只有自己先感到快乐，才能带给别人快乐。只有家长自己心灵得到充实以后，才会由内而发出乐观积极的心态，并将这种乐观积极的心态传递给孩子。拥有物质上的一切并不代表快乐，真正的快乐是极易感染到他人，让他人从心里感到温暖和快乐的。营造和谐快乐的家庭氛围，将自己的快乐传递给孩子，就能让孩子更快乐。

要营造快乐的家庭气氛，妈妈不妨偶尔制造一些意外的惊喜。比如，休息日带着孩子出门踏青，多接触大自然，给孩子一个可以接触新鲜事物的机会，培养他开朗豁达的心境。

有这样一个说法，"一个人一天需要 4 次拥抱才能存活，8 次拥抱才能维持，16 次拥抱才能成长。"当你心情愉悦的时候，就不要吝啬表达你的快乐心情，不妨笑出声来。有的家长为了保持威严，经常在孩子面前摆出一副严肃的形象，殊不知那只会让孩子不再敢与你接近，而笑声则能让你与孩子的距离更加贴近。妈妈们，不妨多笑一笑，在有益自己身心的同时，也能让孩子得到快乐。

让孩子接受你需要掌握方法和技巧

在孩子成长的过程中，家长会发现自己很多的观点和想法都与孩子的有所不同，很多时候双方都觉得自己说得有道理，希望对方同意自己的看法，这样难免会产生争执和矛盾。

孩子有时经验不足，也喜欢感情用事，对待许多事情想法比较片面，需要家长及时地引导并正确地给出建议，可是让家长烦恼的是孩子并非总是愿意听取意见，有时反而会激起更多不必要的争吵。这种时候，就需要家长在提建议时多用一些小技巧，既避免了争吵，也让孩子更容易接受。

先认可再建议

让孩子更容易地接受自己的建议，家长就需要掌握一定交流的节奏，在孩子表达了自己的观点之后，不要急着反驳，先做个倾听者，耐心听孩子说完自己的想法，因为很多时候孩子在表达想法的同时也在表达自己的一些负面情绪，所以家长可以留出一定时间和空间给他们一个发泄的机会。

另外，如果家长第一时间做出反驳，很容易让孩子觉得自己不被理解，孩子很多时候生气并非是不愿接受意见，而且因为觉得自己不被理解，所以就需要家长做到先认可孩子这些观点和情绪的合理性，再提出自己的建议。

比如孩子马上要考试，可前几天还要和同学出去玩，你当然希望孩子可以留在家好好复习。当孩子向你提出要出去玩的要求的时候，你可以先听孩子解释为什么那么想出去玩，也许真的是很重要的集体活动。在耐心听完之后，你可以先表达："妈妈知道你很想出去玩，我理解你的这些想法，如果我是你我也有可能这么想。"

这样下来，孩子可以感到自己被理解被认可，认识到父母是尊重和关注自己想法的，与此同时也让自己许多情绪得到平复，想事情也相对理性全面些。在这个基础上，家长可以再提出自己的建议和反馈，孩子也更容易接受和采纳。

是建议就要有选择

家长在提建议时要给孩子留一些余地和选择的权利，要记住有时强硬并不能帮助你达到目的，并不能让孩子心甘情愿接受自己的建议，这就需要家长在提建议时给孩子一些选择。

比如还是之前复习考试的例子，家长在提出希望孩子可以留在家复习时，可以先解释为什么需要复习，不复习的结果是什么，同时也可以提及出去玩虽然会很开心但是很可能会影响考试结果，到时候可能会带来更大的压力和烦恼，反而让之后出去玩的时间变得更少。

在提出这些可能性之后，给孩子一定考虑的时间，腾出时间让他们冷静地思考与掂量，自己来选择，自己做决定。这样下来，孩子才会对自己的决定负责任，才会心甘情愿地承担后果，也才能真正吸取教训。

设想一下，如果孩子在被强迫的情况下留在家里复习，考试结果也不一定会十分理想，到时候他们可能会更气愤，因为自己既没有出去玩也没有考到高分，到头来反而埋怨到家长身上。

所以，父母需要做到态度上的坚定但是方法上的灵活，在表达自己建议的同时，也尊重孩子的想法和观点，并给他们一定的决定权和自主性，在慢慢学会自己负责任的同时也锻炼了自己独立思考的耐心和能力。

第五章

如何让孩子说出心里话

坚持让孩子把话说完

情景一：展鸣出生在一个普通的知识分子家庭，从小爱撒娇，对周围的事物特别敏感，自尊心很强，一旦被人奚落，马上就会哭鼻子。在学校一挨老师的批评，他就难过得受不了。展鸣上小学二年级时，一天放学回来，往沙发上一靠，噘着小嘴，看起了电视。妈妈问："展鸣，你看电视，作业做了没有？"展鸣大声嚷道："我不想做。"一副很生气的样子。妈妈心想：这是什么态度？怎能这样对妈妈说话，我是关心你……妈妈刚想发火，马上又想到了倾听的重要，收起了以往的责骂，和蔼地对儿子说："你现在不想做作业，能跟我说是为什么吗？"

展鸣抬起头看着妈妈说："我们的数学老师真狠，昨天的练习给我打60分，今天在班上还批评了我。"

妈妈本想说："怎么得了60分，你的数学一向都不错啊！到底是怎么回事呢？"但是妈妈忍住了，说："他真的给你60分吗？"

"是啊！他说我的作业太马虎、太乱，他看得头痛。其实我的答案都是正确的。"展鸣一面说，一面又把目光移向电视画面。"数学老师实在有点懒。"展鸣接着说。妈妈想要训斥孩子，但还是忍住了。她说："这次你如果把作业写得工整一点，老师可能还会在班上表扬你呢！"展鸣说："嗯，友秋这次就被表扬了，我以后还是要将作业写得工整一点才对，我也会被表扬呢！"

情景二：艾云今年上初一了，在小学各方面都很出色的她，上了初中后觉得自己只不过是很普通的学生。她的学习成绩一般，各项能力也不突出，在班委的竞选中还落选了。为此，她心里很痛苦。

回到家后，艾云想和妈妈说说自己的苦闷，可是妈妈却说自己很忙，没时间听她说。吃过饭，女儿还是想和妈妈谈一谈，这一次，妈妈坐了下来听女儿诉说。

可是刚听了几句话，她就立即打断女儿，开始火冒三丈，还质问女儿成绩怎么会下降，根本就不给女儿说完话的机会。

由此可以看出，亲子沟通不仅要倾听，而且还要有耐心地倾听，展鸣的妈妈让孩子在从头说到尾的过程中宣泄了自己的情绪，还在自己正确的引导下认识到了错误。

孩子心理上对父母还有很强的依赖感，他们希望父母能够倾听自己的心声，分担自己的喜怒哀乐，然后从父母那里得到情感上的安慰。但有的父母可能因为工作忙或是自己也有烦心事，会像艾云的妈妈一样，没有耐心听孩子把话说完，常常会在孩子倾诉的时候随意打断孩子。

时间一长，孩子就会对父母的态度失望，从而封闭自己的内心世界，不和父母沟通，孩子的消极情绪得不到合理的宣泄，积累到一定程度就会变成一种对抗情绪，既不利于孩子的心理健康，又不利于构建融洽的亲子关系。

父母与孩子沟通时，不仅要倾听，还要耐心地倾听。等孩子把话说完，你就会更清楚孩子的心态。因此，父母必须做到下面几点：

1. 长期坚持倾听

倾听孩子说话是一个很长的过程。从孩子降临的第一声啼哭开始，一直到他们长大成人后都要倾听孩子的话。

2. 坚持让孩子把话说完

倾听时，孩子有些话难免会使父母生气，父母一定要克制住自己，坚持让孩子把话说完。

3. 耐心地对待孩子说的话题

当一个孩子在父母面前反复说同一个话题时，父母不要因为孩子在重复而显出不耐烦，应该进一步地倾听，很有可能是孩子的某个基本需求没有得到满足，他正在反复强调。

4. 不要打断孩子的谈话

孩子正在绘声绘色地与你交谈时，即使是电话铃响了，你也要坚持听完他的话。否则，事后再问他时，效果就不一样了。

5. 控制自己说话的音量

在倾听的过程当中，孩子就一个问题三番五次地坚持自己的观点，难免会引起父母情绪的改变。这时你要尽量控制自己说话的音量，心平气和地继续倾听和引导。

让孩子大胆地说出心里话

孩子内心的话你是否能真的知道？孩子有了心里话该对谁说？关于儿童的调查表明，他们烦躁或苦恼时，在选择倾诉对象方面，老师不如家长，这也就意味着他们更愿意跟家长说心里话，不过在家庭生活中家长却很难做到这点。家长在碰到孩子抵触的态度时，大多数都会大吐苦水：真不知道孩子的真正思想是什么？怎么他都不愿意让我知道？由此可知，想开启孩子的心扉，真正了解孩子内心所想，是父母必须要做的。要想让孩子真正感受到父母的爱，就要耐心地倾听孩子的诉说，这样可以让孩子更加亲近父母。孩子把自己的想法告诉父母，也有利于家长对他们进行正确的指导。

很多父母即便跟孩子整天在一起，也还是对他们不了解。无法了解孩子的意见，就难以有效地指导孩子成为自己所希望成为的人。父母可以与孩子下棋、一起听音乐、看球赛、游泳，培养跟孩子的共同爱好，从而使父母和孩子能更好地交流。

家长下班后应该常常与孩子聊天说笑，培养情趣，共享欢乐。父母首先要亲近孩子，得到他的信任，他才会主动说出自己所想的。孩子只有对自己感觉亲近的人，才会无所顾忌地交流。

要让孩子信任自己，就要让他感觉到你是信任他的。平常和孩子的相处模式，应当是轻松和快乐的，和孩子就要像和朋友一样谈天、玩乐、打闹、开玩笑，让幽默和情趣充满整个家庭。另外和孩子讲话时，要让孩子看着自己，自己也要以信任的眼光看待他，这样本身也是一种沟通与交流。

有个孩子刚从奶奶家被接到父母家，一次母亲将炒好的鸡蛋端到桌上，然后回到厨房继续炒其他菜，这个孩子很快就把鸡蛋吃完了。母亲再次来到桌旁看见鸡蛋被他吃完了，没有责备他，只是对他说："我们都还没吃呢，你自己怎么就吃完了呢？"孩子没说话，却偷偷哭了。

妈妈说："你干吗这样啊，没打你没骂你，你为什么哭？"在询问后才知道，在奶奶家时，奶奶都是这样让他吃的，并且还会表扬他呢，但奶奶从没告诉他，当别人还没来得及吃时，自己不能把饭都吃完。母亲给孩子耐心地讲完道理后，孩子从此懂得了做事情不能太自私，要想着身边人。

如果那位母亲只是对孩子的错误进行责备，那就只能让孩子受到委屈而得不到教育。一般孩子考虑事情，都是非常幼稚和单纯的，这时父母万万不能妄下评论，不能对他轻视或嘲笑，反而要仔细听取他的意见，和他一起探讨如何解决问题。让孩子先说，然后父母再加以评论和引导，要看重事情的现状，分析得失利害，让他自己独立认真面对困难挫折。孩子把心里话说出来，即使有时会非常荒唐，父母也不要嘲笑，更不能加以责骂。父母要让孩子把自己的意见说出来，而且要让孩子知道父母是很重视他的。

孩子在成长过程中会做错事，说错话，这是不可避免的。针对这个情况，父母应该耐心地开导，让孩子明确地知道自己错在哪里。

1. 多和孩子聊天

现在大多数的父母整天都很忙碌。赶快洗澡、赶快吃饭、赶快写功课、赶快……这是一般的家长经常挂在嘴边的话。每天都这么匆忙，就没有时间和心情与孩子聊天。但是，不常常和孩子聊天，又如何知道孩子在想些什么、做些什么呢？

无论再忙，也要找出时间和孩子聊，这才是合格的父母。经常和孩子谈话，多倾听孩子的想法，也适当地给孩子说些道理听，适当地给孩子一些管教，让孩子明白是非对错。在孩子即将犯错时，一股约束力量自然就会出现在心里——这种事爸爸妈妈曾跟我讲过不应该这样做，这样也就避免了错误的发生。

2. 学习倾听孩子的话语

大部分人都喜欢诉说，而不喜欢倾听，特别是父母对孩子，更是滔滔不绝地对孩子说"要乖乖听家长的话"。但是这样又怎么会知道他的真正想法？不听孩子说话，又怎么能了解他、教育他？因此，父母想让孩子听话，首先要学会倾听孩子的话。

在孩子说事时，父母不要总想打断孩子的话，只要时不时对孩子点头微笑示意，或说几句简单的话鼓励他接着说就行了。假如孩子感觉到父母感兴趣，那他一定也会有兴趣继续跟你说话。

3. 鼓励、说理代替责骂

"懒得理你"是很多孩子经常挂在嘴边的，当孩子对父母感到失望，就会用这种态度对待父母。因为，如果孩子长时间和父母沟通效果都不好，他们就会干脆什么都不说了。是什么导致沟通不良？孩子以前也许是很喜爱和父母说话的，但经常是刚开口说话，就立刻招来一顿骂，这样久而久之，孩子就不愿意再多和父母说了。谈心、聊天是沟通的开始，而良好的沟通除了能了解孩子的动向，也有利于改善父母和孩子的关系。

直接影响孩子性格发展的教育方式

世上没有两个样貌完全相同的人，当然性格也是如此。好的性格是什么样的呢？

1. 饱满的热情

无论一个人做什么事情若没有热情，都不可能成功。很多孩子都有与生俱来的热情，不过，耍让他们不受伤害，继续把热情持续下去，不是一件容易的事。热情的一个特点是脆弱，很容易在生活中被一些小事摧毁。所以，孩子的热情需要父母的悉心呵护。心理学研究发现，父母态度将影响孩子的性格，小的时候一般不容易发现，进入青春期之后，就能明显看出来了，并且伴随孩子的一生。

2. 充足的自信

成功的人都有能力迎接各项挑战。要做到这一点，父母首先要尽早地发现孩子的优点和才能，鼓励他们充满成功的信心，有意识地去诱导他们。

3. 热切的同情心

为了在孩子的心中播下同情的种子，父母要常常关心别人，给孩子做好榜样。

4. 较强的适应能力

孩子的适应能力应该怎样培养呢？最好的方法是让孩子感受到来自成人的爱，让他们能早日成熟。

5. 满怀希望

孩子一旦拥有这种特性就会敢于迎接挑战，能在黑暗中看到光明。要想孩子变成这样，父母本身就应该积极乐观。应常常告诉孩子：胜败乃兵家常事。这样，当困难到来时，孩子才会挺起坚强的脊梁，去战胜困难，而不是害怕，不敢向前。

影响孩子性格发展的重要因素之一是父母的教育方式。相关研究把家长分成溺爱型、忽略型、严格型、关心型、理智型五类。从这些分类中我们可以发现，从孩子的发展水平来看，其各方面都较低的是前两种家庭中长大的孩子；在行为上部分限制，思想上接纳子女的关心型父母培养出来的孩子，智力一般都比较高；理智型家庭的教育部分接纳不是期望中的行为，孩子各方面的能力都比较好。可见，对孩子优良品格的形成能起到积极作用的是较好的教养方式。

同时，父母是孩子的第一模仿对象，他们的行为将会被孩子模仿。日常生活中我们发现，父母和孩子真像是一个模子中刻出来的，在很多方面都有相似之处。这是遗传的作用，但同时也说明后天环境对孩子的性格有着非比寻常的影响。

这奇妙的相似之处不仅在父母与子女之间存在着，甚至兄弟姐妹之间也存在着。另外，我们也经常发现，夫妻二人彼此之间会越来越相似，这说明环境对性格形成也有很大的作用，因此，努力为孩子营造一个良好的成长环境，是每个父母义不容辞的责任。

孟母不惜三次搬家，只是为了让儿子有一个良好的生活环境。在母亲的教育下，孟子终于成为中国历史上伟大的思想家，没有让母亲的苦心付诸东流。现代人也许不可能再像孟母那么做，但也应该为孩子营造一个良好的家庭环境。

有一点尚未引起人们足够注意的是：孩子性格的形成与早期生活习惯也有很大关系。常抱怨孩子天性胆小、娇气的父母不知道，正是自己错误的教育方式养成了孩子的这种毛病。孩子性格品质要从小开始培养，建立良好的生活习惯是基础。

喜欢交际的孩子在众人面前显得落落大方，具有很强的人际交往能力；相反，跟人很少交往的孩子一般都比较文静，一说话就脸红，极不自然的表情和举止暴露了他们害怕与人交往的事实。所以父母要注意为孩子打造一个温馨的家庭环境，让孩子更善于跟别人进行交往。

对孩子性格有导向作用的是父母的情感态度。现代父母更容易流露自己的情感，这使孩子变得异常脆弱敏感，依赖性强。长期的娇惯让孩子不能被批评，如果父母的声音稍高一点，孩子可能都会因此受惊而哭泣，性格特征的弱点显而易见。一般来说，娇气脆弱的孩子一般没有足够的心理承受力，容易在受到挫折时产生心理障碍。

现在很多家庭都是只有一个孩子，父母的悉心照顾表现得愈为明显，过多地包揽孩子的事情。这种过分忧虑的心理，在语言和行为中不自觉地表现出来，对孩子起到暗示作用。很多父母在孩子想参加某项活动之前，对孩子"按响种种安全警报"，最后让孩子感觉到恐惧，并因此变得胆小。年纪越小的孩子越容易受到这种暗示，父母的性格特点在潜移默化中影响着孩子。

先天遗传和后天生活的环境共同决定了孩子的性格。作为父母，要注意纠正自己的性格缺陷，努力让孩子在良好的环境下成长的同时，还要注意多跟孩子谈心交流，多关心孩子，及时了解他们内心的真实想法，及时纠正他们成长过程中的性格缺陷，等到孩子性格已经形成了再纠正就没那么容易了。

一位心理学家这样叙述性格形成中遗传与环境的关系：

（1）家庭成员之间存在心灵与思想的遗传；

（2）在很多性格特质中，环境因素决定他们的发展及发展程度；

（3）先天已经具备的非常强的性格特质可以在任何环境中得到发展。

我们可以从上述说法中得到这样的启示：当父母为孩子营造成长的环境时，要注意发掘孩子身上存在的特质，使孩子的这种特质能够在最佳环境中得到发展。

保护好孩子的自尊心

自尊心是人格里一个很重要的方面，可以说，一个人的自尊心直接决定他的未来。历史上那些成功人物虽然都有不同的个性，不过分析其共同点，会发现他们的自尊意识都很强。因此，孩子的自尊心必须得到最周到的保护。

但是，父母有时会在无意间伤害了孩子脆弱的自尊心。有个孩子天生五音不全，他的歌声就像锯木头的声音。有一次，班里举行唱歌比赛，他在家里练习。母亲很烦躁地说："你这是唱歌吗？简直就是在制造噪音！"虽然妈妈是无意说出来的，不过彻底让孩子放弃了唱歌，而且开始害怕上学。

还有一种情况，那就是父母总是觉得孩子什么都弄不成功，不管什么事都帮孩子做。常见的就是同学来找孩子玩，母亲擅自做主说："看书，不去。"从来不考虑孩子的意愿。

小孩子也有自己的面子，母亲的行为让孩子在同学面前彻底颜面扫地。孩子进入校园后，就开始有自己的生活圈，有自己圈子里的人。在自己的世界里，我们都是独立的，孩子也不例外，他们是自己的国王，可以不受父母的控制。为了让自己有面子，孩子有时会故意不听话。母亲在孩子的朋友面前对孩子颐指气使，无异于向孩子通告他还没有独立的信息。如果同学们发现某人没有自主权，就会渐渐疏远他，不再接受他。这对孩子未来的发展影响不好。不过，父母一般都意识不到孩子的这种行为，这样会让父母和孩子直接产生隔阂。

古今中外公认的道德规范都要求孩子尊重父母。但是，要知道尊重是互相的，在尊重面前人人平等。父母是长辈，孩子是小辈，传统的观念更强调孩子是必须要尊重父母的，其实互相尊重是必需的。孩子一旦到一定年龄，就开始想要独立了，特别是上了中学后，独立的概念会出现在孩子的心理上，对社会上的事也开始有了自己的判断标准。对于孩子的想法，只要不触犯原则问题，父母就应该尊重。

父母会因为孩子在外面受了委屈而愤愤不平。不过，在平淡的生活中，有时父母无意伤害了孩子的自尊，自己却没有发现。小孩子在家里难免乱拿乱放，很多时候用过了，却忘记放回原处。所以，有时父母急需那个东西，找不到就会询问孩子。假如孩子真的拿了，父母一问就能立刻找回来，那固然很好；不过如果孩子没有拿，面对父母的一再追问和埋怨，孩子的内心就会被阴影所笼罩。

孩子都是充满好奇心的，认为大人的世界都是新鲜的。在爸爸不在的时候，孩子会偷偷拿他的钢笔做功课；当妈妈不在的时候，会偷偷穿妈妈的高跟鞋。一旦发生这些事，父母的头脑里就会产生条件反射：只要有什么东西找不到了，那就一定是孩子拿走了。

如果孩子说没拿，家长反而会觉得是孩子在说谎话，在某种程度上说，这就是人格侮辱，会让孩子伤心欲绝。不过家长却注意不到这种情况，更不可能感到孩子的痛苦和伤心，甚至还以为自己是正确的。过了几天，自己无意间在另一个地方发现了要找的东西，才突然明白，是自己错了。

这样的情况，在很多家庭中都常常发生，但都被父母忽略了。这种无意的举动，不仅会伤害孩子幼小的心灵，更会让父母和孩子产生隔阂。因此，父母一定要学会尊重孩子的自尊心。

又如，孩子做题的时候稍一马虎，考试中就会出现低级的错误。妈妈看到孩子连如此简单的试题都答错了，会感到极度的失望。可能会说："你脑子里到底装的什么东西！这么简单的题都做错！"有时为了让孩子受到刺激，还故意辱骂说："真是白让你长这么大了！你还不如小学一年级的学生呢！"

当然，这些话是为了让孩子面壁思过，从而产生奋起直追的决心。不过，这种话对孩子却不会起到任何有利的效果，最多也只能是刺痛他一下，距离他幡然悔悟还很遥远，也不能使他认识到自己的不足。

每个孩子都希望得到父母的夸奖，希望父母觉得自己是有所作为的人。父母责骂"你真是笨死了"，其实是在说"你真不是学习的料"，这只会让孩子失去信心。按理说，当有人责骂孩子"你真的无药可救"时，作为父母应该第一时间站出来鼓励支持自己的孩子："妈妈相信你，只要你努力了就一定可以的。"而且事实也是如此，无论外人怎样贬低，只要父母永远承认并相信孩子的能力，对孩子不断进行支持和鼓励，孩子就不会沉沦下去，不要低估亲情的力量。

但是，假如父母最先否定孩子，孩子便会真的开始怀疑自己的能力，最后会变得没有信心，什么事都做不成。此外，讽刺的话更不是随便说的。本来对父母依赖性很大的孩子，需要父母的催促才去做作业，还要家长喊着去做事。后来孩子因为某种原因改变了这种现状，开始主动学习，主动帮父母做家务。妈妈感觉很吃惊，无意识地说"哎哟，这是地球不转了吧?"或"今天是什么日子，怎么变得这么勤快啊?"

妈妈本来想表达自己的开心，但是由于感到意外，说了这种不着边际的话，会伤害到孩子的自尊。有句俗语这样说："说者无心，听者有意。"碰到上述情况，父母应该看到孩子的长处，而孩子听到激励他们的话语，内心会形成良性的自我意识，慢慢地，自信心也会越来越强大。

让害羞的孩子变得大方得体

能在公共场合表情自然大方地展现自我的孩子，总会引来同学父母的羡慕。羡慕之余，父母还会从内心深处为自己孩子的内向而痛苦着急，为孩子未来的交往能力担忧。不过光着急是没用的，作为父母，必须真正行动起来努力改变这个事实，让自己孩子变得大方起来，让孩子变成一个外向开朗的孩子。

1. 口语表达能力的培养

父母可以通过给孩子讲故事的方法让孩子喜欢学习，在讲故事的过程中，如果孩子有问题，要对孩子喜欢问问题的习惯给予肯定和表扬；帮孩子养成记日记的好习惯，父母可以先启发孩子对当天或前一天的生活进行回顾，然后回忆自己感受最深的事情，自由发挥，将自己的快乐伤悲表现出来，也可以让孩子表述，然后父母记录，当孩子说的时候，父母纠正错误，适时引导，帮助孩子丰富词汇。这样，积累的词汇多了，孩子说话时语言自然就变得丰富而充满内涵。

2. 为孩子创造锻炼的机会

如果一个孩子内向，当然不愿意在众人面前展示自己。这时候，父母就要主动为孩子创造锻炼的机会。

有一年，小卓和妈妈在外婆家过中秋节。一大家子人热闹地团聚一堂，气氛十分热烈。晚饭后，妈妈提议搞个"中秋家宴文艺演出"，得到了大家的支持。

"有谁愿意做主持人呢？"妈妈说。"我！"小卓的表姐大喊着。小卓抬头看了看，默默无语，很是期待却没有勇气站出来。

妈妈觉得应该为小卓提供这个机会。她知道小卓最崇拜少儿节目的主持人，于是故意说："嗯，姐姐很像著名少儿节目女主持人呐，那男主持人由谁来充当呢？"

"我！"提到男主持人，小卓立刻精神了。

在姐弟俩的主持下，节目开始了。

"首先，弟弟要为我们讲一个故事，大家欢迎。"小卓的表姐神采奕奕地说。

后来，《三只小猪》的故事在小弟弟稚嫩的嗓音中结束，大家都给予了热烈的掌声。

"接下来是姐姐的舞蹈表演，欢迎欣赏。"小卓继续着他的主持。

"大家欢迎小卓为大家唱歌。"在大家的鼓励下，小卓由主持人又变成了演员。

孩子的外公拉二胡，舅舅唱《猪之歌》，孩子们也都跟着唱起来："猪，你的鼻子有两个孔……"欢声笑语充斥着每一个角落。从此，小卓也变勇敢了，在众人面前说话也变得落落大方了。

3. 奖励孩子

喜欢看书的晓蕾，才五岁就能独自看儿童读物了。聪明伶俐的她得到了幼儿园老师的喜爱，老师总是称赞她学东西特别快。不过，晓蕾害羞，性格内向，不愿意在众人面前表现自己。例如老师让她上台领操，她摇头表示不肯，但这是很多小朋友求之不得的事儿。再比如她很擅长讲故事，妈妈让她给爷爷奶奶讲个故事听听，她也是拒绝，就算是讲，也是断断续续，扭扭捏捏。

事实表明，优缺点是每个孩子都具有的，父母不能总是把孩子的缺点挂在嘴边，这样无意中会让孩子的缺点强化。父母应当用很轻松的语气告诉孩子，如果他能够表现得大方得体，那么父母每次都会奖励他喜欢的东西，如果做不到，或者讲条件，那就要进行一些惩罚。等奖励次数多时，可以给他更大的奖励。直到他的行为变得落落大方后，就可以改变这种奖励行为了，改用口头表扬的方式。

4. 充分利用生活实践锻炼孩子

很多孩子在家都能侃侃而谈，不过到了外面，就变得懦弱、胆小，不敢表达自己的观点。父母每天应尽量抽空带孩子走向社会，走向群体，以便培养孩子的交往能力，让孩子在与小朋友玩耍的过程中消除懦弱胆小的心理。玩是人与生俱来的本能，玩的过程也是交往的过程，同时，玩得开心会让孩子慢慢变得喜欢跟别人说话。

父母要明确孩子具有的能力，给孩子布置适量的任务，让他们做自己力所能及的事儿。如特意创设机会，将向邻居或周围的人借东西、送物品这种事情让孩子去做。在与邻居、生人来来往往的过程中，孩子会得到与人交往的锻炼，有利于语言表达的练习，交往的态度会随之变得自然、得体。

当父母要去购物时，可以把孩子也带过去，让孩子自主选择要购买的东西。有位很聪明的妈妈，她特意装作找不到要买的东西，让儿子向营业员请教，因为想买的东西是孩子自己想买的，所以孩子很高兴去问。最初，孩子总是依赖妈妈，要妈妈教他怎么说。妈妈也总是不厌其烦地教他，而且还及时鼓励他。最后，孩子就会很大方自然地和营业员交流了。如果买的东西不多，妈妈还会把钱给孩子，把购买的任务交给儿子。这不仅让孩子的社交能力得到培养，又锻炼了他的独立生活能力，可谓一箭双雕。

父母和孩子的老师多沟通、多交流，有利于孩子在学校里表现得出色，方便老师掌握孩子的性格特点，以及点滴变化。学校老师的关心、帮助有利于孩子在课堂上踊跃发言和积极思考。

5. 积极给孩子创设做客的氛围

父母带孩子一起去做客，有利于孩子的成长。当还没去做客时，告诉孩子要到哪里去，对方的基本家庭情况等，让孩子心里有数，让孩子怕生的心理降到最低，同时让孩子产生想去做客的欲望。例如："今天我们要去的阿姨家，有很多好玩儿的玩具，还有一个漂亮的姐姐，姐姐和阿姨都知道宝宝很厉害，而且很有礼貌，都很喜欢宝宝。"用这种方法让孩子的自信心增长。

此外，为了让孩子体会小主人的自豪感，可以经常将客人请到家里来做客。这些客人，可从孩子从没接触过到比较熟悉慢慢变化，从而让孩子的交际圈逐渐扩大。当孩子接待客人时，要给孩子一个锻炼、提高的机会，父母不能急功近利，要让孩子自己慢慢摸索。例如，让孩子向客人打招呼，跟客人一起分享自己喜欢的东西，分享自己的得意成果，再鼓励孩子跟客人沟通交流，在客人面前展示自己的才艺等等。

同时，及时表扬、鼓励孩子是父母必做的功课。在孩子跟陌生人接触的过程中，对孩子的表现表示关注，并对孩子的每一次进步给予真挚的肯定和鼓励。如语言亲切的表扬："今天宝宝的表现好棒哦！能够主动跟叔叔阿姨打招呼，他们都夸你呢。爸爸妈妈也真替你感到高兴。"有时，也可以将贴纸、图书、食物及小玩具等作为奖励，让孩子感受到成长和进步。总之，父母只要给孩子机会，那么必会得到孩子给予我们的回报。用心浇灌，并持之以恒，孩子就一定会进步的。

怎样引导孩子说出心里话

一名十几岁的男孩向他的同学抱怨说："我的父母从未注意听我说话，每天就只顾自说自话、唠唠叨叨，真是不想回家。"

一位 13 岁曾经离家出走的女孩子讲述了与母亲的关系："我和妈妈已经到了相对无言的地步，即使琐碎小事也无法与她交谈，比如像学习这样的事。我担心考试不及格，我想告诉妈妈我学习不好，但妈妈会说：'哦，为什么别人能学好？'接着就会对我发脾气。于是我就开始撒谎，虽然我不想这么做。对自己的行为，心里真的也不感到难受……最后好像是两个陌生人在对话——我和妈妈都不表露自己的真实感受，都不表露我们的真实想法。"

这些例子并不鲜见。孩子在父母面前把自己遮盖起来，拒绝同父母交心。孩子知道和父母说出知心话也于事无补，并且很不可靠。结果许多父母失去了帮助孩子解决生活中的问题的宝贵机会。

为什么这么多的父母不被孩子当作求助对象呢？为什么孩子有了苦恼不去找父母谈呢？为什么绝大多数父母都不能成功地同孩子保持一种良好的关系，使孩子得到帮助呢？

似乎所有的父母都不知道如何倾听。难道这就是那句食古不化的谚语

"小孩子有耳没嘴"所造成的结果吗？

其实，"倾听"是一种非常好的教育方式，因为倾听对孩子来说是在表示尊重，表达关心，这也促使孩子去认识自己和自己的能力。如果孩子感到他能自由地对任何事物提出自己的意见，而他的认识又没有受到轻视和数落，这样可以促使孩子毫不迟疑、无所顾忌地发表自己的意见。孩子先是在家里，然后在学校，将来就可以在工作上和社会中自信、勇敢地正视和处理各种事情。

1. 用沟通易于接受的诱导方式

比如：

"孩子，这事讲给我听听。"

"我想听听这件事情。"

"说说看。"

"这事你愿意谈谈吗？咱们一起讨论吧。"

"我们听听你的意见。"

"继续讲下去，我在听着。"

充当开门人或者诱导人们讲话能够成为强有力的催化剂，可以促使另一个人讲话。开门人可以鼓励人们开口讲话或者把话继续讲下去。10～16岁的孩子对这些简单方式的反应会令父母吃惊。他们会感到受到了鼓舞，会接近你，会对你敞开心扉，会一股脑儿地说出他们的感受和想法。

2. 父母要学会先表达自己

比语言的技巧更关键的是父母的态度。只有真正与孩子分担忧愁，才会打动孩子的心，随即和你真诚表达自己的情绪。用言语和行为表达对孩子的爱，同时让孩子有机会宣泄不良情绪。

家，是一个可以自由表达的地方。作为父母，应当学会倾听孩子的心声。当孩子提到某些不愉快的经历，需要"发泄"自己的负面情绪时，请你认真倾听，适时表示理解和接纳，不要急于做出你认为正确或错误的判断，不要给孩子讲大道理。记住：在这个时刻，孩子才是主角。

如果必要，试着引导孩子辨别并表达自己的情绪，例如问问孩子："你是怎么想的？这件事是不是让你很不开心？……"当孩子表达完毕之后，问问孩子是否需要你的建议。比如："妈妈想给你一些建议，你想听吗？"如果孩子愿意听听你的看法，尽可能客观中立地表达，可以指出孩子的不妥之处，但是请记住，不要指责，也不要对孩子的情绪做出评判。

如果孩子拒绝了你，也不要强求他听你的建议。若父母能一直保持这种客观冷静又是支持性的态度，孩子会更愿意倾听你的看法，随即轻松地疏导他们的负面情绪。

3. 倾听孩子的一些原则

下面是给父母的一些建议。

●永远保持商量的口吻。也就是说，父母是与孩子商量事情，不要发号施令，更不可使用暴力。永远保持平等相待的共处原则。

●孩子犯了任何错误，在批评或处分之前务必给孩子足够的申辩机会。父母应当认真听取孩子的诉说，必要时要核实事实，使批评或处分恰如其分。

●停止手边的一切工作，面向你的孩子，凝视他的双眼倾听，听他想表达的细节，也试着努力听他的感受，最重要的是是否领会到他的感受。

●进行双向交流的时候，要积极回应孩子，比如"嗯……""哦……"或"我了解……"等字眼，让孩子知道父母正在聆听。

●父母应充满耐心与兴趣地倾听，孩子 10～16 岁左右是沟通的黄金时期，如果坚持下去，孩子即使大了，也会习惯于与父母交流。

当孩子有安全感或信任感时，才会向其信任的成年人诉说心灵的秘密。因此，父母应无条件地爱孩子，忧其所忧，乐其所乐。这样才有可能经常倾听到孩子的心灵之音，而这是教育成功的前提。

只有掌握与孩子相处的艺术，做孩子的朋友，才能使两代人做到真正意义上的"零距离沟通"。

第六章

掌控和把握批评的技巧

阳光未来丛书
做个读懂孩子会沟通的好父母

YANGGUANG WEILAI CONGSHU
ZUOGE DUDONGHAIZI HUIGOUTONG DE HAOFUMU

优秀父母允许孩子犯错误

在浙江杭州市的一个家庭中，父亲是一位高级科技人员，母亲也是知识分子，儿子正在市重点中学上高三，家庭条件很好，可偏偏发生了一件意想不到的事情。高考临近，大家都忙于备考，学习相当紧张，儿子却跑到外边偷了一块比较名贵的手表，当场被抓住送到派出所。父亲从国外访问刚刚到家，听到此事气愤异常。但是，父母终于以理智控制了自己的感情，在学校的支持和配合下，对事情进行调查了解，对孩子进行了说服教育，他们相信孩子能改正错误，鼓励孩子积极备考，用行动来改正错误。

由于处置得当，孩子情绪正常，没有影响高考，结果以优异的成绩被录取在重点军事院校。这个孩子没有辜负父母的期望，跌倒后又爬起来。大学毕业时，因品德良好、成绩优异，被分配到我国驻外使馆工作。

在谈及往事时，他深深地内疚，真诚感谢学校和家庭给他的帮助，决心要一辈子认认真真做事、老老实实做人。

现代教育理论认为，教育的一个重要前提是宽容，父母应该允许孩子犯错误。

每个人都难免犯错误，只要你做事，就有犯错误的可能。大人尚且如此，何况孩子！孩子年龄小，辨别是非的能力尚缺或不强，犯错误就更是难免的，从某种角度说，孩子的成长是与犯错误分不开的。如此看来，要求孩子不犯错误是不现实的，不可能的，剩下来的只是如何对待孩子犯错误的问题。

孩子犯了错误，特别是犯了性质严重、情节恶劣的错误，父母的第一反应往往是怒火中烧，这时特别需要冷静，不要因孩子的错误造成自己的错误，甚至酿出人生苦酒，造成家庭悲剧。

但是允许孩子犯错误不等于纵容孩子犯错误。有些父母对孩子的错误睁一只眼闭一只眼，对孩子的错误听之任之，一味顺从，认为"树大自然直"，长大了就好了，不必多管，这是放任姑息的态度。这种态度会使孩子养成恶习，使孩子在错误的道路上越走越远，终生难改，是父母们所不可取的。

"孩子是伴随着错误成长的。"父母的责任就是一次次把孩子从错误的边缘拉回来。上述例子中父母的处理方式就非常得当。

家庭是人生的一个舞台，而家长应该是舞台上的一个演员，教育究竟是什么？它不只是一个人的思想灌输给另一个人，而且是一种心与心的交融，是人格魅力的感染和吸引。在家庭舞台上，家长应不断变换着自己的角色，有时候是慈母，有时是严师，有时是他的兄长，更多时候是孩子的朋友。

不管孩子犯了哪种类型的错误，问题的关键都在于父母如何引导，将孩子犯错误过程中的不利的消极因素转化为有利的积极因素，从而防止他再犯同样的错误，也少犯其他的错误。

父母必须冷静理智、耐心细致地处理事情，分析犯错误的根源，指明改正错误的方向和方法，帮助孩子从错误中走出来。切忌简单粗暴地对待犯错误的孩子，那种闻错则怒、火冒三丈、不问情由、或骂或打或罚的态度是极不可取的！

给父母几点建议：

1. 对待孩子的错误，不能姑息纵容，也不能粗暴处置

用简单粗暴的方法不能取得有效的教育效果，常常会适得其反，甚至造成悲剧。

2. 教育犯错误的孩子要讲究艺术

家长既要严格管教，又要冷静理智，并且讲究教育的艺术，巧于疏导，帮助孩子从错误中走出来。

3. 对孩子的错误进行入情入理的分析

如果孩子犯了错误，应该对孩子先肯定，让孩子在和谐的气氛中主动认识到自己的错误，让温暖的春风吹去孩子心中的灰尘，让爱充满孩子的心田，在爱的氛围中使孩子受到教育、感化。

4. 低声调批评教育孩子

批评孩子切忌大喊大叫，有的家长喜欢用高声调，似乎不这样做就不足以产生威慑效果。其实，高声调的叫喊，只会引起孩子的反感，加剧亲子间的紧张关系，收不到好的教育效果。

不要给孩子贴上"负面标签"

梓航正在读小学六年级，他的成绩一直是老师和家人最头疼的问题。令老师迷惑的是，梓航并不笨，甚至很聪明，但是他却长期居于班里的最后一名，而且时常不及格。

原来，梓航以前的成绩也十分优秀。有一次，由于他没有认真审题，结果作文没及格。回到家后，妈妈对他大加指责："你怎么这么笨啊，居然还能审错题？我怎么生了你这么个笨蛋？你真是让我头疼死了，真是个笨猪。"从那以后，"笨孩子""笨蛋""笨儿子""笨猪"等名词就成了梓航的代名词了。

既然妈妈这么认定自己，梓航也就索性真的去当"笨孩子"了，他不再好好学习，成绩也一落千丈。

一位母亲带小女儿去游泳，女儿不敢把头埋进水里，她就当众斥责孩子说："你每个星期都这样，老给我和爸爸丢脸。我真不相信你就是我的女儿！"这位母亲的话和上面故事中梓航的妈妈一样，都代表了一种糟糕透顶的教育方式。

据国外的调查资料显示，经常遭贬斥的孩子智力和心理发展比经常受体罚的孩子更为低下。为什么这样做反而会有害处呢？社会心理学上有个术语叫做"标签效应"，意思就是说，对人的看法就像给人贴一个标签一样，迫使此人以后做出与标签相符的行为。

我国著名的童话大王郑渊洁先生曾经说过："差生是差老师和差家长联手缔造的。"他用深刻、犀利的语言，警告当代的父母们：不要给孩子们乱贴负面标签，这种行为只会使好孩子变成真正的差孩子。

20世纪初，意大利教育家蒙台梭利在罗马建立了一所国立特殊儿童学校，招收了被人称为"白痴"和"弱智"的儿童，共22名。经过两年的努力，在政府的监督下，这些孩子都顺利地通过了公共学校同龄儿童的同等水平考试。这个铁一般的事实再一次告诉世人，没有教不好的孩子，只有不会教的父母与老师。

教育家周弘先生说："没有种不好的庄稼，只有不会种庄稼的农民。"农民如何对待庄稼，常常决定着庄稼的生死存亡；而父母如何对待孩子，也在一定程度上决定着孩子的未来。当父母将"笨孩子""差生""问题少年"等负面标签贴到孩子身上时，"聪明孩子""优秀生""阳光少年"就真的离孩子远去了。

当孩子被标上负面标签后，心理上会蒙受阴影，更为严重的是他可能放弃追求自己的前途。作家三毛曾经在书中描述过一个自己的故事：她因为数学成绩太差而被老师当众用毛笔在脸上画了个大大的黑圈，寓意数学得零分。虽然三毛在写作上获得了极大的成功，但是在她短暂的一生之中，自闭的心理可见一斑，更为甚者，她以自杀的方式结束了自己的生命。

给孩子乱贴负面标签，会直接伤及孩子的自尊心与自信心。心理研究指出，这种做法对于13岁以后的孩子来说，比让他们面对失败更为痛苦。有些父母一听到孩子的学习成绩不好，便不分青红皂白地责骂孩子，给孩子贴上负面标签，说他们是笨蛋，没出息。事实上，孩子一时的成绩，与他将来的成就或者他是否会成为优秀人才，并没有直接的关系。

无论基于哪种原因，父母都不要轻易地给孩子贴上负面标签。对于孩子来说，这些负面标签可能会成为束缚他一生成长的界限与牢笼。当他面临重大的挑战时，这些负面标签便会一次又一次地出现在他的脑海里，使他不能以充分的自信迎接挑战，而最终与机会擦肩而过。父母们，从现在开始，请相信自己的孩子，给他积极的暗示与期望，让他健康、愉快地成长吧！

1. 多为孩子喝彩

"恨铁不成钢"的父母，常常给孩子贴上负面标签，可是，父母并不是真的希望孩子这样。因此，当父母想说"傻瓜"的时候，换成"其实你很优秀"，孩子就会真的越来越优秀。

婉玲的成绩不好，即使她每天把自己关在书房里看书学习，她的成绩也没有丝毫起色。妈妈无奈地问："为什么你不努力一点，让自己的成绩更好一点呢？"婉玲反驳道："反正你们都认为我是傻瓜，我再努力有什么用？"

后来，妈妈每次都有意识地控制自己，当她想骂女儿傻瓜时，就换成"孩子，加油"。她发现这样做，不仅让自己心情愉快，而且也让婉玲重拾了自信。虽然她的成绩还不是十分突出，但是已经有了很大的起色。

当孩子考试不理想或者做事情失败的时候，父母应该多给孩子一些喝彩与鼓励。已经习惯给孩子贴负面标签的父母，则应该有意识地提醒自己，将那些难听的词汇换成鼓励的话语，给孩子积极的影响，鼓起孩子起航的风帆。

2. 给孩子积极的心理暗示

美国心理学家罗森塔尔曾经做过一个心理实验，证明孩子的成绩与教育者的期待是成正比的。因此，如果父母给孩子积极的心理暗示与期待，那么孩子便会成为优秀的孩子。而如果父母乱给孩子贴负面标签，事情则会与父母的愿望背道而驰。

博明今年 11 岁，曾经是个令人头疼的孩子，学习成绩不好，喜欢惹是生非。但是自从妈妈改变自己的教养方式后，这一现象得到了很大的改观。

有一次，博明的作文成绩又不及格，妈妈没有像往常一样骂他笨，而是笑眯眯地对他说："没关系，妈妈觉得你下次一定会比这次好。"第二次，博明的作文成绩果然有了提高，妈妈还是说：妈妈相信你下次会更好。慢慢地，博明的作文成绩提了上来。

当孩子学习成绩不理想时，父母可以积极地暗示他："下次一定会比这次好！"当孩子不听话，四处惹是生非时，父母可以暗示他："真正强大的孩子是在智力上打败别人的人。"这样，孩子的道路就会越走越宽广。

3. 不要用自己的看法埋没孩子的天性

成人虽然有更多的知识与经验，但他们也往往带着偏见与不足。因此，父母不应该用成人的眼光来看孩子，或将孩子看扁。

雅蝶喜欢画画，十分富有想象力。一天，她在画纸上画了一个人的身躯，并配上了一对洁白的翅膀，在她的四周还画了几朵飘浮的白云……雅蝶的妈妈看到这幅画后，高兴地说："这是位美丽的天使啊！"

当孩子在绘画中任意地将物体进行组合，如将鱼画到天上，添上翅膀；将树栽到屋顶，结出糖果时，不要责怪孩子，因为这在成年人看来，也许有点荒诞，但却是孩子具有丰富想象力的表现。父母要看到图画后面的东西，才不会埋没孩子的天赋与灵性。

学会把对抗变为对话

某某中学刚开学，第一天涵逸表现就不好，还在班上和同学打架。为此，老师给涵逸的妈妈打了电话。涵逸的妈妈气极了，回来就狠狠地揍了涵逸一顿。涵逸伤心不已，哭泣不止，本来因在学校打架被老师判断错误而批评的委屈更加一发不可收拾。

从那以后，涵逸天天和妈妈对着干。妈妈让涵逸放学后早点回家，涵逸偏要天不黑不回。妈妈让涵逸不要看电视，学习去，他就变着法儿地找本小说读。妈妈生气之下又打骂涵逸。事情就这样恶性循环下去。

涵逸的作为是一种典型的对着干的做法，似乎粗心的妈妈并没有找到问题的症结所在。

在传统观念中，妈妈对子女的教育往往容易走向两个极端：要么简单粗暴，要么过分溺爱。这两种方式都是不可取的，都会对孩子的健康成长产生极大的危害。

因为血缘关系的缘故，家长本该是孩子最亲近的人。可事实上不少孩子不信任家长，有话不愿对父母说，甚至闹到有家不回的地步。为什么会这样呢？除了青春期孩子独立意识开始增强、试图摆脱家长的约束和管教以外，不科学的家庭教育和传统的家长专制作风，甚至对孩子大打出手是主要原因。

请不要忘记，孩子们受到家长粗暴的待遇，特别是这种待遇来自一个平日里信赖的人的时候，他的痛苦心情会在心灵里留下一个长久的痕迹。在青春叛逆期的孩子就很容易把对父母的失望和被打骂的痛苦，转变为对抗的行为。试想，谁愿意生活在一个暴力家庭中？谁愿意和"暴君"进行对话？怎样进行对话？

一般来说，孩子最讨厌严厉粗暴、修养差、不够通情达理的家长。明白了这些道理，要成为一个受子女欢迎、亲近的家长，家长应该学会把对抗变成对话，这主要是：

1. 孩子做错事，父母要控制自己的情绪

很多时候，孩子做错事时，父母常常会非常生气和愤怒，情急之下就很容易采取打骂等体罚的方式对孩子进行教育。

这种教育方式的效果往往很差，比如，这会让孩子觉得：我做错了事，你也打我了，我们俩扯平了。而且孩子还会对体罚他的爸爸或妈妈产生怨恨的心理。孩子这种心态会使他对自己所做的错事没有内疚感、没有羞耻感，从而也难以去改正错误。

因此，在孩子做错事的时候，父母一定要先控制自己的情绪，以免在情急之下对孩子采取错误的教育方式。

2. 让孩子承担自己所犯错误带来的后果

父母要让孩子承担自己错误带来的后果。比如，孩子赖床，没有按时起床，眼看上学就要迟到了。此时，父母不要因此而打骂孩子，更不要急急忙忙地打车送孩子去上学，而是让他按照平常的程序去做，比如，让他自己乘坐公交车去上学，让他自己承担因迟到而被老师批评的后果。这样，孩子就会深刻地意识到自己的错误，也有更强烈的动力去改正自己的错误。

3. 批评孩子时，要注意一些语言表达的技巧

父母批评孩子时，应注意掌握一些技巧：

低声。父母应以低于平常说话的声音批评孩子，"低而有力"的声音，会引起孩子的注意，也容易使孩子注意倾听你说的话，这种低声的"冷处理"，往往比大声训斥的效果更好。

沉默。孩子一旦做错了事，总担心父母会责备他，如果正如他所想的，孩子反而会有一种"如释重负"的感觉，对待批评和自己所犯过错也

就不以为然了。相反，如果父母保持沉默，孩子的心里反而会紧张，会感到"不自在"，进而反省自己的错误。

暗示。孩子犯有过失，如果父母能心平气和地启发孩子，不直接批评他的过失，孩子会很快明白父母的用意，愿意接受父母的批评和教育，而且这样做也保护了孩子的自尊心。

换个立场。当孩子惹了麻烦遭到父母的责备时，往往会把责任推到他人身上，以逃避父母的责骂。此时最有效的方法是，当孩子强辩是别人的过错、跟自己没关系时，就回敬他一句"如果你是那个人，你会怎么解释"，这就会使孩子思考如果自己是别人，该说些什么，并发现自己也有过错，促使他反省自己把所有责任嫁祸他人的做法。

先定好规矩，然后再惩罚

嘉豪的父母规定儿子写完作业晚上出去必须在 10 点之前回来，嘉豪一直也遵守得很好。一个仲夏的夜晚，嘉豪和几个同学在街心公园的草坪上，弹着吉他唱着歌，不知不觉地就到了 11 点，等嘉豪知道时间时，已经过了爸爸妈妈规定的时间很久啦！这时，有的同学说："我们又没做坏事，回去晚怎么啦，没关系的。"有的同学说："既然定了规矩，就要遵守，还是赶紧回家吧！"嘉豪也觉得应该遵守约定，可是又怕爸爸妈妈责备自己，就找了一个长凳子从后窗翻回了自己的房间。第二天早上，嘉豪怀着忐忑不安的心情走到早餐桌旁，等待着暴风骤雨的来临，没想到，爸爸只是说了一句："你已经长大啦，要做一个守信的人，既然定了回家的时间，怎么能不遵守呢？再说，你这样做很危险，不光你可能会摔伤，而且如果别人发现有人在翻窗户，有可能会报警。"原来爸爸早已从嘉豪的神情上，知道他已有悔意。嘉豪的脸红红的，知道自己这次错啦，心中暗想，下次再也不这样做了。

　　说起来规则好像是在限制人，实际上规则有它的另一面，它在保护人。孩子的好多安全感都是来自规则的。人人都是这样，如果你到一个完全没有限制的环境里面，你会不知所措。实际上，我们教育孩子的目的不是为了惩罚孩子，而是为了孩子能够健康成长。

　　孩子还不够成熟，对很多问题的认识还不到位。孩子的成长需要成人的提示，需要成人的限制和成人设定的界限。这是孩子懂得规矩和建立安全感的需要。父母对孩子采取一定的措施，制定相应的规则，来规范孩子的行为是必要的。

　　孩子需要理解他们周围世界的规则。他们需要别人对他们的期待：他们和别人怎么相处。他们能够把一件事做到什么程度，如果他们做得过头了，会发生什么。随着他们一天天长大，他们需要用一些方法来衡量自己不断增长的技巧和能力。规则在他们"学习—发现"的过程中起着极为重要的作用。但是，如果父母的信号不明确的话，父母一心想教给孩子的东西就很容易不起作用，而孩子可能偶尔要越过栅栏，所以在孩子违规以后，有必要对其实施小的惩戒，当然惩戒措施也有必要和孩子协商。

　　像嘉豪的父母这样就很好，先讲明规矩，再惩罚，能让孩子更清楚地意识到自己的错误，既明白自己错在哪，又知道以后要怎样改进。

　　在我们教育孩子时，关于这个规则我们更应该注意些什么呢？从某种意义上讲，我们可以把规则比喻为"红绿灯"。

　　我们知道，"红绿灯"是一个城市交通的指挥者，如果没有红绿灯的控制，整个城市将陷入一片混乱状态。人也是这样，从小对他的行为建立一套"红绿灯"系统，让孩子明白什么是该做的，什么是不该做的，从小在孩子心中树立这些原则和标准，绝不能随意突破。

　　在立规则时，应注意以下几点：

1. 给孩子立规则要信号明确

　　给孩子树立规则，一定要简单易懂，让孩子容易遵守。立规则的时候最好能把孩子不遵守规则的后果明确告诉他。

2. 立规则，要把道理讲清楚

立规则，要把道理讲清楚，而不是简单粗暴地命令孩子，更不要摆出强权嘴脸——"你听我的！我说了算！"不要以为孩子小，什么都不懂。你讲的道理也许他一时不能够完全领会，但是你平和的语气和尊重他的态度，却会让他信任你的判断，顺从你的要求。

3. 遵守规则要一以贯之

立下的规则，无论时间、地点、场合都要遵守，比如：在家不许随地吐痰，在外边也不许。而不是今天这个样子，明天那个样子，在家一套，外边一套。这样只会让孩子糊涂，无所适从。

还有一点需要注意：所有的规则都不仅仅是立给孩子的，父母也要严格遵守、以身作则。

掌握好批评的时机

某校有一个四年级的孩子因上课调皮被老师打了一下，不过老师马上醒悟过来，当着全班同学的面道歉，还打电话给孩子母亲，告诉她事情经过。第二天是休息日，孩子跑出去玩了一天。这位母亲知道可能是孩子心里不好受，但又觉得老师道歉了，还能怎么办呢？又怕提起来孩子难过，就没有和孩子彻底沟通。后来，孩子虽然每天照样上学。可是渐渐地，孩子出去玩的时间越来越多，并且不愿上学。母亲这才觉得事态的严重，想和孩子谈一谈，谁知刚开了一个头，孩子就歇斯底里地哭叫道："别说了，别说了！"

对孩子进行批评要恰当，如果不恰当，后果是十分严重的。什么是教育的有利时机？这就是说当一件事发生后，就应立即教育，而不能拖延时间。上面事例中的孩子被老师打后心里不痛快跑出去玩了一天，母亲知道这一情况后，没有立即抓住这有利时机对孩子进行教育，而是"犹犹豫豫"过去了。后来发现问题严重了，再想进行教育，已经迟了，孩子已不愿接受教育了。孩子、老师、家长都在无心中错过了教育和被教育的好时机。

批评是一门艺术，采取简单的方法是不行的，这一点大家都一定有真切的感受。如果曾有让你认可的批评，那一定是掌握好了时机与技巧的批评。为什么不能这样来对待孩子的过失呢？巧妙的批评才能在伤害最小的情况下取得最大的效果。

孩子出现错误，是很正常的，我们指出错误，也是很正常的。可是往往我们有些家长，孩子出现问题平时不说，最后秋后一起算账。孩子一旦有了问题，一边说着"可气死我了"，一边借机把"陈芝麻烂谷子"一起说出来，把孩子说得一文不值，什么也不是。要知道，教育孩子不是要出气啊，否则你的气是出了，孩子却往往更难以管理了。所以，这就要求我们把批评当手段，不能当目的！孩子出现问题，就事论事，温和指出，因势利导，改掉就好。

批评是爱护的一种表现形式，是家长常用的一种方法。运用批评要沟通情感、提升自尊、树立信心、解决问题，从而达到家长和孩子双赢的目的。因此，批评时机的选择要正确。下述几种情况不宜批评孩子：

1. 未弄清事情的根由时

听到或看到孩子有失控行为，家长往往会非常气愤，觉得无论从丢自己的面子，还是违背社会公德讲，孩子都应受到痛斥和处罚。于是马上对孩子劈头盖脸狠批一通，结果，孩子要么梗起脖子顶牛，要么流着眼泪抱屈，从此萎靡不振，甚至将记恨埋在心里。这样的批评，家长当时就解决了，可隐患也留下了。

2. 当有急事要处理时

当有急事要处理而孩子又有了问题时，家长往往心绪烦乱，希望快刀斩乱麻，简单罗列他的"罪状"后，再给个警告"你好好反省，等我回来再跟你算账"，然后甩手走了。孩子羞愧恐惧，身心颓唐，与家长成见日深，仓促批评引发了家长与孩子的长期矛盾。因此，在自己有急事顾不过来时，千万不要草率批评孩子。

3. 没弄清楚孩子心态时

有了过错，孩子一般会产生四种类型的心态：第一种是满不在乎，认为反正父母不喜欢我，我说什么父母也不会相信，豁出去了。在这种心态下，他斜着眼望天，虽不申辩，但也根本听不进去。第二种是诚惶诚恐，反复自责，不知所措，感觉从此完了，父母肯定不喜欢我了。在这种心态下，家长的指责无疑是雪上加霜。第三种是胸有成竹，心里已竖起了好几块挡箭牌，找出好几条开脱理由，甚至约好了证人。这时的批评不但无力，而且会让孩子感觉可笑。他会以胜利者的姿态炫耀自己、贬低家长。第四种是含冤抱屈，主观上不愿做错事，而在特殊情况下犯了错，心中既懊恼又委屈。如果家长不问青红皂白数落一通，孩子有口难辩，又无力找出自身存在的不足，下次就难免有意做错事气家长，因此在不了解孩子心态时，运用批评会是无效甚至负效的。

4. 发现孩子重蹈覆辙时

以前曾犯过类似的错误，这次重犯，原因可能是积习难改，也可能是家长处理不当或没有从根本上解决。如果家长不做自我反省，以为强调孩子不可救药，那么就会像火山一样压碎一颗未成熟而单纯的心灵，家长的形象也在他心里打了折扣。孩子的病症在哪里？你的药方是否对症？哪一味有效药要继续对症？哪一味无效药必须更换？用药的剂量如何？用药的时机如何？怎样让孩子相信你这服药是良药？这些都是需要家长认真思考的问题。孔子说："学而不思则罔。"书本上学到的理论必须经过脑力激荡才能运用于实践，在管理孩子的实践活动中必须多思多想，才能化难题为奇迹。

5. 未理清解决问题的思路时

家长在谈话前应考虑如何公正评价孩子的行为，通过什么途径来化解目前的矛盾，通过谈话希望达到什么目的，如果这一切你都没有想好，就不要去贸然批评，否则越批评越会使孩子反感。要想尽快找到做好孩子思想工作的灵丹妙药，家长必须多学习教育理论，以与时俱进的态度掌握教育规律，掌握基本的适用于现代孩子的德育方法，以便在运用批评时运筹帷幄，稳操胜券。

6. 对面没有空座位时

绝大部分家长跟孩子谈话时都是一种居高临下的态势。不仅让孩子站着，多数情况还要两手下垂，双脚并拢，头颅低垂，表情做沉痛状，更甚者还会推几下，这种态势让孩子相信家长"都是为你好"，恐怕很难。要想孩子接受家长的教导，不如从根本上改变对孩子的态度，像朋友似的让孩子在对面坐下来，这样，不仅不会降低家长的身份，而且从一开始就拉近了情感距离，消除了孩子的抵触情绪。家长也会在无形中放缓语气，使语言具有平等性和可接受性，使家长和孩子的情感都得以提升。所以，家长在批评孩子前应该虚位以待。要从孩子一生受益的角度用好批评，必须策划好批评的时机和方略，前瞻到批评的效果，使家长和孩子在和谐的氛围中彼此相宜、共享快乐。

用什么方法让孩子不再犯同样的错

很多孩子因为年龄小，对自己的不良行为缺乏知觉，意识不到自己的行为是对还是错，犯了错如果不能及时知错，下次同样的错还会再犯。

所以，父母及时而有效地批评孩子，对纠正孩子错误行为十分重要，也是做父母应尽的责任。

孩子犯了错，怎样批评才能收到好的效果呢？

1. 区分不同场合

在公共场合当着他人的面批评孩子是不合适的，要注意孩子的感受，换一种场合批评会更好。孩子再小也是爱面子的，批评孩子，首先要注意保护孩子的自尊心，因为有自尊心的孩子，才会努力地改正错误。

在家里，孩子犯了错被父母批评一般是乐意接受的，不存在丢面子的事。如果是在公共场合，尤其是在许多熟识的同伴朋友面前，孩子不希望父母让他丢丑。

如果当众批评，孩子很容易产生抵触情绪。年龄大的会当场顶牛，令父母难堪，年龄小的也会动用"哭"这个撒手锏讨别人同情和声援以示对抗，最终投降的往往是父母。

要注意孩子特点，胆大外向的孩子，活泼好动，面对批评能够当场认错，过后依然我行我素，对父母的批评全然不放在心上。批评这样的孩子时，态度应该严厉一些，而且要跟踪监督孩子的行为。

内向胆小的孩子，对自己的父母有畏惧感，父母的每一句话都会奉若圣旨。批评这样的孩子时，语气要轻柔一点，可以和气地多询问多倾听，拿好孩子给他做榜样即可。

2. 照顾孩子情绪

孩子犯的错各种各样，犯错时的情绪也会千差万别，有时情绪平静，有时情绪强烈。犯错时的情绪状态，对父母批评的效果会产生直接影响。

一些情绪强烈的错，如孩子刚刚和别人吵了架，父母先不要急于批评孩子，这样只会火上浇油适得其反。可以采用延迟批评的方法，先温婉地劝说，把孩子从激愤的情绪中解脱出来，待孩子冷静下来后再批评。

影响孩子犯错后情绪状态的还有对错误的认识，有的孩子已经意识到自己的错，内心充满懊悔。这种情绪状态是批评的最佳心理基础，有时候父母一句理解宽慰的话语就可以收到好的效果。对于明知犯了错却拒不认错的，批评的态度自然要严肃才行。

3. 直击错误要害

许多父母在孩子犯错时一时性急，没弄清原因就对孩子稀里哗啦一顿批评，结果话说得不少，却没有戳到关键处，批评的效果大打折扣。

"批评"这两个字，"评"是"批"的前提。父母在批评孩子前，先要评估一下孩子犯错的动机是什么，原因在哪里，严重的程度如何，这样才能做到有的放矢。

批评时，要先和孩子做深入的沟通交流，帮助孩子认识到哪里做错了，再直击错误要害提出批评，话语不要太啰唆，但要掷地有声，这样的批评，孩子才能真正认识到需要改正的地方，也才能心悦诚服地下决心改正。

4. 争取一次到位

人在接受外界某种刺激时，最初的应激反应最强烈，随着刺激的次数不断增加，应激反应的程度就会慢慢衰减。

所以，对于孩子的某些错，批评一次就够了，不可过多过滥，倒是在孩子对改正意见的执行上，需要父母持之以恒的监督。

年龄小的孩子，面对父母的严厉批评，哭不仅仅是一种示弱，更是一种主动的防御策略，用哭当武器向父母发起主动进攻。所以，对于"一批评就哭"的孩子，父母一定要狠下心不为所动，坚守底线，争取一次性收到效果。你若心慈手软败下阵来，会增加纠正孩子不良行为的难度，孩子意识到你的软肋，下次你的批评就会大大失效。

父母要掌握批评孩子的六大技巧

孩子由于年龄小，判断事非的能力不强，自制力也比较差，经常会犯这样那样的错误。发现孩子犯错后，父母不问青红皂白地对孩子横加指责，甚至暴跳如雷，对孩子大打出手，这种做法肯定是不对的；对孩子一味地姑息迁就、听之任之，这对孩子的成长也是极为有害的。学会批评孩子，掌握批评孩子的技巧，是做父母必修的重要课程之一。

1. 批评孩子要注意时间和场合

批评孩子尽量不要在以下时间：清晨、吃饭时、睡觉前。在清晨批评孩子，可能会破坏孩子一天的好心情；吃饭时批评孩子，会影响孩子的食欲，长此以往会对孩子的身体健康不利；睡觉前批评孩子，会影响孩子的睡眠，不利于孩子的身体发育。批评孩子不应在下列场合：公共场所、当着孩子同学朋友的面、当着众多亲朋的面。在公开场合批评孩子会打击孩子的自信心，还可能会让孩子对父母心怀不满甚至心生怨恨，会影响父母同孩子之间的感情。

2. 批评孩子之前要让自己冷静下来

孩子犯了错，特别是犯了比较大的错或者屡错屡犯时，做家长的很可能会在一时冲动之下对孩子说出不该说的话，或者做出不该做出的举动，这都可能会对自己和孩子产生极为不良的影响，有人甚至因此而酿成千古大错。因此，不管孩子犯了什么样的错误，在批评孩子之前，家长一定要强迫自己冷静下来。只有冷静，才能对孩子所犯错误有一个客观公正的评判，才能有利于问题的解决，才能帮助孩子找出犯错的原因和改正错误的方法。

3. 批评孩子要给孩子申诉的机会

导致孩子犯错的原因是多种多样的，孩子有可能是有意为之，也有可能是无心所致；有可能是态度问题，也可能是能力不足等等。所以，当孩子犯错后，不要剥夺孩子说话的权利，让孩子把自己想说的话和盘托出，这样家长会对孩子所犯的错误有一个更全面、更清楚的认识，对孩子的批评会更有针对性，也让孩子能心悦诚服地接受自己的批评。

4. 批评孩子之前可先进行自我批评

在批评孩子之前，如果父母能先来一番自我批评，如：这事也不全怪你，妈妈也有责任；会让家长和孩子的心理距离一下子拉得很近，会让孩子更乐意接受父母的批评，还可以培养孩子勇于承担责任、勇于自我批评的良好品质，一举多得，我们做父母的，又何乐而不为呢？

5. 父母在批评孩子方面要形成"统一战线"

中国有句古话叫"严父慈母"，很多家庭至今有着这一传统，父亲和母亲，在教育孩子方面，一个唱红脸，一个唱白脸，其实这对孩子的成长是不利的。因为如果这样，当孩子犯错后，他们所想的不是如何去认识和改正错误，而是积极去寻求一种庇护，寻求精神的"避难所"，他们甚至可能因此变得肆无忌惮，为所欲为。

6. 批评时一事归一事

在批评孩子的时候，我们只要明白自己的批评，是为了让他知道，做什么样的事会带来什么样的后果，而不是为了伤害他或给他打上"坏孩子"的标签，就不会给孩子造成心理阴影。批评一定要针对具体的事情，而不要扩大到其他事情上。

第七章

一定要正面鼓励孩子

阳光未来丛书

做个读懂孩子会沟通的好父母

YANGGUANG WEILAI CONGSHU

ZUOGE DUDONGHAIZI HUIGOUTONG DE HAOFUMU

孩子，你真的很棒

美国坦帕湾海盗队杰出的美式橄榄球教练约翰·马凯在接受电视访问时，记者提到他儿子的运动天赋，问马凯教练是否以他儿子在橄榄球场上的表现为荣，他的回答令人十分感动："是的，我很高兴小约翰上一季成绩不错，他表现得很好，我以他为荣。但是，即使他不会打球，我同样也会以他为荣。

马凯教练的意思是，小约翰的美式橄榄球天赋或许可以得到大家的认可和赞赏，但他个人的价值却跟他的球技无关。因此，如果他的儿子不会踢球，令人失望，仍不会失去他应有的尊严。小约翰在他父亲心目中的地位永远重要，并不受他在球场上的表现好坏所影响。

真希望世上所有的孩子都像小约翰这样幸福，拥有一个真正懂得孩子价值的父亲。

有的家长明知孩子并不是最聪明，也不是最优秀，却这样对孩子说："在我的心里，你是最聪明、最优秀的孩子！"这样的话给孩子树立信心，值得赞赏。要知道，信心是激发人的潜能的催化剂，失去自信心的孩子是很难取得进步的。世界上每朵花都有属于自己的美丽，何必要难为孩子做别人的复制品呢？不要将成功与孩子的智力联系在一起，因为成功并非都是源于聪明，自信和努力才是成功的关键。

作为家长，帮助孩子成长进步的最佳方法就是鼓励，并且一定要做到不失时机、持之以恒。尤其对那些不太自信的孩子，告诉他（她）：即使没有人欣赏你，你也要学会自己欣赏自己，相信你是最棒的！

很多孩子往往因自身的一些缺点对自己缺乏自信，不能正确地看待自己，对自己评价过低。所以，父母一定要在孩子小的时候教孩子学会欣赏自己、接纳自己，培养孩子的自信心。也许孩子的优点不多，值得骄傲的地方不多，但他（她）作为一个活泼可爱的孩子，一个生命力旺盛的儿童，身上一定有值得珍惜、值得欣赏的东西，家长帮助他（她）找到这些东西，便能帮助他（她）树立莫大的自信心。

（1）欣赏孩子的容貌。对容貌的欣赏是最直接的自我欣赏，因为容貌是外在的东西，直观可见，对容貌的欣赏最容易做到。给孩子准备一面镜子，鼓励他（她）每天在镜子前照一照，然后发现自己的优点和可爱的地方——大大的眼睛、高高的鼻梁、白净的皮肤、小巧的嘴巴……也许你的孩子并不漂亮，但他（她）也会有许多值得欣赏的地方。比如眼睛很小但很有神，皮肤较黑但很健康，鼻梁不高但很秀气等等。不一定只欣赏优点，因为每个人都不可能十全十美，只有正视自己不完美和缺陷的人，才能接纳自己，才会真正地建立自信。

家长要善于启发孩子通过不同的手段，绘出自己的形象。比如，在地板上铺一张大一点的纸，让孩子躺在上面，请父母帮忙描出自己的轮廓，然后自己进行剪贴；也可以让孩子画自画像，使孩子进一步了解自己的外貌和身材。

（2）欣赏孩子的特长。每个人都有自己的长处，在孩子小的时候，教孩子欣赏自己的长处，能促进孩子发挥特长，也可以使孩子时时保持自信。无论孩子聪明与否，他（她）一定有自己所擅长的优势，要让孩子清楚地了解自己所长，善于发挥自己的长处。比如，你的孩子很内向，不爱讲话，在一群孩子中很少引起别人注意，但他（她）很细心，做事认真，观察力很强，看动画片的时候，他（她）总是能注意到一些细节问题。你要肯定孩子的优点，鼓励他（她）发扬这个优点。最好告诉孩子，他（她）很仔细，能观察到很多细节，这是很好的优点，父母为他（她）高兴，如果他（她）能经常把自己看到的东西说出来就更好了。这样，你的孩子就会认识到自己的优点，并加以欣赏。比如，你家住在一个很大的房子里，条件不错，你要教孩子欣赏房子的宽敞、明亮，使他（她）懂得自己生活在这样的环境中很幸福。如果你居住条件较差，要引导孩子发现房子的优点，比如，房子很小但光线很足，房子虽然光线不好，但很凉爽，你们一家人住在里面很开心等等。让孩子从小就学会适应环境，不自卑也不自傲，在快乐中成长。

孩子，你让我们很放心

孩子成为什么样的人，与家长的态度有很大的关系。家长认为孩子会学坏、不争气，孩子会辜负家长，真的就会那样。比如，有的家长不认为孩子有控制能力，便处处监督孩子，孩子就真的管不住自己；有的家长觉得孩子不行，做不好事，孩子就真的很懦弱，没有锐气；家长怀疑孩子早恋，原本孩子没那回事，只是普通朋友，被家长一怀疑，不但早恋了，而且同居了；家长怕孩子染上网瘾，处处防范孩子，不让他上网，结果，孩子偷偷去网吧上网，耽误了学习……

最令人气愤的是，孩子各方面不够出色，家长还要责怪孩子，丝毫想不到自己在养育孩子的过程中，扮演了可恶的巫婆角色。

巫婆使用什么方法使得聪明的公主觉得自己很丑陋的呢？是因为巫婆每天都对她说："你的样子丑极了，见到你的人都会感到害怕。"公主相信了巫婆的话，怕被别人嘲笑，不敢逃走。

巫婆的魔力在于，她用否定性语言，扼杀了公主的自信，使公主失去对自己的正确认识，不敢逃走，使盖世的美丽、智慧藏在高塔之下。

吸取这则反面寓言的教训，我们多对孩子说肯定性语言，说孩子能做事，我们不担心孩子，说孩子诚实，说孩子有前途、说孩子行，哪怕孩子有一点点突出的表现，我们都描述出来。这样，孩子就会觉得自己行，能把事情做好。孩子对自己有信心了，自然会形成良好的心理定势，向好的方面发展。

环境影响孩子，如果孩子经常被消极的暗示所包围，孩子的思想、行为就会变得消极。如果家长处处担心孩子，处处觉得孩子不行，孩子的聪明、潜力、智慧也将被埋没，真的会成为无能、无用的孩子。

一个人只有在自己有较高的评价并认为自己一定会成功时，他才能成功。孩子的自我评价，等同于父母的观点。所以，父母一定要鼓励、相信孩子。

有这样一个画面：

一群孩子在荡秋千，秋千不是很高，看上去也很结实。可能是某个孩子的家长临时给孩子们拴的。几个孩子轮流着荡秋千。一名小女孩拉着妈妈的手，很羡慕地在观看。孩子们轮了一圈后，喊小女孩过来。小女孩看看妈妈，妈妈点点头，冲着秋千努努嘴。

小女孩是第一次玩，几个孩子很友好地鼓励她："别怕，可好玩了！两手攥紧绳子就行了。"秋千荡起来了，小女孩坐在上面，心怦怦地跳，脸红红的，洋溢着幸福的笑容。

从那以后，小女孩经常和孩子们一起荡秋千。玩皮球、踢毽子的时候，他们也会叫上小女孩。一个周末，小女孩想和几个孩子去福利院献爱心。7岁的孩子，能做什么呢？妈妈问："你能给老人们做什么？"小女孩说："我会唱歌呀！""可是，你从未出过家门呀！""妈妈，不用担心，我和几个哥哥姐姐一起去，我和他们在一起，我不乱跑。"妈妈还是不放心地对女儿说："我担心你。"

女儿出发后，妈妈便尾随着女儿到了福利院，然后又跟在女儿身后回家。一路上，妈妈见到的女儿俨然是个小大人。回到家，女儿喳喳地说个不停。说自己唱的歌，可受爷爷奶奶欢迎了。妈妈不断亲吻女儿，说："我女儿长大了，能够给别人带来快乐了。"女孩幸福地笑着，说："我长大以后要当歌唱家，唱歌给爷爷奶奶听。"

妈妈笑了，眼里含着泪花。两年前，女儿还是个胆小的女孩，见了生人就哭、就躲。现在，女儿终于展开笑颜，敢于憧憬自己的未来了。这多亏自己教育观念的转变呀！如果像以前一样像护理小猫一样照顾孩子，孩子或许还会像小猫一样缩在家里呢！

父母的教育观念直接影响孩子的发展，譬如孩子小的时候爱爬高爬低，如果父母担心孩子跌倒、碰伤而制止他，久而久之，孩子就会胆小怕事，不自信。如果对孩子撒手，在排除安全隐患以后，鼓励孩子做他想做的事情，那么孩子从父母言行里读出了支持，就不会缩手缩脚。孩子的思维能力是伴随着孩子的行动发展起来的，放开手脚实践过的孩子，不但做事能力强，头脑灵活，对自己也更加有信心。所以，请家长不必为孩子担心，因为他们可以的。

自信是孩子最大的财富

小泽征尔是世界著名的交响乐指挥家。在一次世界优秀指挥家大赛的决赛中，小泽征尔按照评委会给的乐谱激情地指挥演奏，突然，他敏锐的直觉告诉他：演奏中出现了一个不和谐的声音。起初，他以为是乐队演奏出了错误，于是停下来重新演奏，但感觉还是不对。他认为一定是乐谱有问题，可是在场的作曲家和评委会的权威人士都坚持说乐谱绝对没有问题，是他错了。面对一大批音乐大师和权威人士，他思考再三，最后斩钉截铁地大声说："不！一定是乐谱错了！"话音刚落，评委席上的评委们立即站起来，对他报以热烈的掌声——他获得了总决赛的胜利。

原来，乐谱中的错误是评委们精心设计的"圈套"，以此来检验指挥家在发现乐谱错误并遭到权威人士"否定"的情况下，能否坚持自己的正确主张。虽然前两位参加决赛的指挥家也发现了其中的错误，但却在权威们面前失去了应有的自信，因而被淘汰。小泽征尔却因充满自信而摘取了世界指挥家大赛的桂冠。

孩子，一个人只有先相信自己，别人才会相信你。自信是一个人成功的必要条件，然而自信不能只停留在想象上，要有切实的行动。如果你在生活中很有自信地讲话，很有自信地做事，久而久之就能成为一个优秀的人。而那些常常自卑的人，他们并不是没有优点，没有可爱之处，而是缺乏自信。

先看一个同龄人的例子：

念岚是一个读初一的女孩，她认为自己长得不够漂亮，无论是说话还是走路总爱低着头。同学们认为她性格内向孤僻，基本上都不喜欢和她交往，这使得她更加自卑。

不过，一个偶然的机会改变了这一切。有一天，念岚从学校门口的饰品店买了一个红色的蝴蝶结，店主不断赞美她戴上蝴蝶结很漂亮。念岚不相信，但是心中很高兴，不由自主地昂起了头，连出门与别人撞了一下都没注意到。她脸上充满了从未有过的自信和微笑，一路昂首挺胸走向教室，迎面正好碰上了她的老师，"念岚，你抬起头来真漂亮！"老师微笑着对她说。那一天，她得到了许多人的赞美，她想一定是蝴蝶结的功劳。回到家后，她迫不及待地往镜子前一照，想看看自己戴蝴蝶结的样子。可是头上哪有什么蝴蝶结？她忽然想起来可能是走出饰品店时与人碰了一下，把蝴蝶结弄丢了。这时她才发现，原来是自信让自己变得如此美丽。

孩子，无论是你是长相普通，还是你的成绩不如别人，你都不应该丢掉你的自信。自信可以让你更美丽，自信也可以让你变得更聪明。所以，孩子，你一定要使自己成为一个有自信的人，你可以试着用以下几种方法来培养你的自信心：

（1）克服自卑心理。你的长相、成绩、家庭条件都不能成为你自卑的理由。认为自己某方面不如别人只是你认识上的错误，你要改变这种错误认识。只要你对自己有信心，谁都无法看轻你。

（2）走路时抬头挺胸。一般而言，那些自信的人走路时都会挺胸抬头，那些自卑的人则常常低头弯腰。反过来说，挺胸抬头容易带来自信的感觉，低头弯腰则容易带来自卑的感觉。所以，孩子，走路时请你一定抬头挺胸。

（3）面带微笑。微笑是获得自信的一个很好的方法。当你在比赛、考试、公众场合发言，感到自己不够自信时，如果能够抬头挺胸，面带微笑，你就会发现问题容易解决得多。

（4）大声讲话。大声讲话是建立自信的一个突破口。一定要敢于开口说话，不要怕说错，一定要放开音量。可以先面对镜子自己练，然后再在人多的场合练。

（5）多与人交流。多与别人交流是建立自信最有放的方法。多与别人交流、说话，既可以让别人了解你、尊重你，也可以锻炼你的胆量，增加你的自信心。需要注意的是，与别人交流时一定要敢于正视对方的眼睛，说话的口气要不卑不亢、果敢有力。

孩子，如果你自信，你要一直保持这种自信；如果你不自信，那么，从现在开始就要把自己训练成一个有自信的人！

孩子，我们是支持你的

人活着的目标就是过快乐的生活。要定位孩子不同的人生阶段，必须从孩子现在的需求开始思考，这才是父母要留意的教养重点。因为人生的成就本是依赖每一个不同阶段的学习累积而来的，没有人可以跳跃成长。现阶段失去的，在未来某一段的人生里，总要补回来。我们就不要再打击孩子的心灵了，以正确的心态来对待他们，才是让教养者减少烦恼之道。

孩子的父母最重要的工作不是赚更多的钱，而是尽快寻找专家，协助检视自己成长过程的哪一个阶段出现了问题。从内在的觉悟去了解，将受伤的心灵修补后，才有能力用新的智慧协助孩子活出自信。

父母应该允许孩子自由地探索和研究。如果你经常说"不"或"不许碰"，孩子就会失去探索的勇气和热情，他甚至会认为好奇是个不好的品质。相反，如果改变家庭的环境，让孩子自由地去探索，那么他的探索精神就会最大限度地得到发挥。

11 岁的文文是一名小学六年级学生。文文学习从不主动，总是靠人监督，平时与小朋友游戏时也总是跟在别人后面。老师的评价是："文文对人、对事不感兴趣，比较冷漠，问话时一言不发……"为此文文的父母很是着急，不知该怎么办才好。

一天文文的妈妈回家刚打开门，就听见厨房里传来一声杯子破碎的声音。妈妈急忙跑进厨房，看见文文正拿着扫帚手忙脚乱地收拾着，地上满是玻璃碎片，水和摔碎的鸡蛋流了一地。看着一地狼藉的样子，妈妈问道："你在做什么，是饿了吗？"看见妈妈进来，文文小心翼翼地说："不是，妈妈，我是怕你责怪我，所以一着急才打碎的……"

妈妈询问后才知道，原来文文看见书上说，用玻璃杯装满清水，拿一个鸡蛋放进杯里，然后把食盐一点点地放入杯子里，并且用筷子搅动，刚开始沉入杯底的鸡蛋，就会慢慢地浮到了水面上。听完儿子的话，妈妈笑着说："我明白了，原来你在做'鸡蛋浮起来了'的小实验啊。你的想法很好，妈妈支持你这样做，现在我们一起重新做一遍怎么样啊？"

听妈妈这样说，文文立即欣喜地动起手来。随着盐的增加，鸡蛋浮到了水面上，文文高兴地叫起来："浮起来了，浮起来了！"随即，妈妈给文文讲了水里加入盐后浮力增大的道理，还告诉他在水里放入其他东西溶化后也可以使浮力增大。这以后，文文经常会给父母演示一些科学小实验。

父母往往认为孩子的主要任务是学习。糟糕的是，你以为孩子是个空桶，给什么，装什么；孩子是张白纸，画什么，是什么。因此忘记了，孩子是一个有个性、有思考、有追求的主体。他们的个性、思考能力，以及对未知世界追求的欲望和能力，是与生俱来的。

爱迪生什么大学也没有上过，小学也总共上了三个月。爱迪生的老师就是他的妈妈南希。南希看到爱迪生特别喜爱物理、化学，就买了本《派克科学读本》给他。这是当时的一本著名著作，里面讲了许多物理和化学实验，有简单扼要的说明和详细的插图。小爱迪生更加入迷了，凡是能够做的试验，都要自己做一做，做不成就不罢休。

爱迪生孜孜不倦地努力，反复实验，不断地总结教训，终于登上了科学的高峰，发明了电灯，发明了留声机，发明了电影放映机，完成了1300多项发明，成为举世皆知、令人敬仰的大科学家。

父母应该对孩子有创造性的想法给予表扬和鼓励，尽可能让孩子经历成功的喜悦和体验，产生"自我激励"的心理状态，提高自信心。这样，在父母的鼓励下，不仅能培养孩子的创造精神，还能锻炼他的动手能力，以及应对挫折和失败的韧性，这些都是考试成绩无法带来的。

由此可见，培养一个孩子的创造力是很重要的，以下几个方面对培养孩子的创造力十分重要。

（1）保护和激发孩子的好奇心。好奇是幼儿的特点之一，是探索知识奥秘的动力。好奇心愈强，想象力愈丰富，创造性就愈高。孩子对许多事情都感到好奇，凡事都想弄个明白。手电筒为何发光？不倒翁为什么推不倒？孩子想要弄明白，会把手电筒和不倒翁拆开。父母千万不能指责、制止。孩子平时捶这打那，全是好奇心所致。好奇是探求、创造的动力源。

（2）让孩子具有创造性思维。父母在教育孩子的时候，要善于激发孩子的求知欲和求知兴趣。要放手让孩子多做力所能及的事，给他尝试的自由。即使孩子做错了，也要因势利导，使他不怕失败，勇于进取。

（3）多和孩子沟通。父母可以找一些通俗有趣的故事和童话多念给孩子听并讨论其中的情节。孩子的脑子像是一部摄像机，你若注意教他语言和思考，让他聆听好的作品故事，讨论故事的情节，他的分析能力、思考能力和表达能力一定会有惊人的进步。

孩子，你遇事要沉着冷静

孩子成长的过程中，可能会遇到各种各样的危险和挑战，比如做事不顺、生病、独自出行遇到坏人、利益诱惑、朋友反目等。如果孩子处理得不好，那么后果将不堪设想！

放学回到家，飞鹏撂下书包就走到妈妈身边说："老妈，明天我要和同学去郊外玩！骑自行车！"妈妈一听骑自行车去郊外，有点担心，再看儿子满脸憧憬的神色，就答应了。

儿子出发前，妈妈最后一次叮嘱了儿子骑车出行的注意事项后，前前后后检查了一遍儿子的自行车，把手机塞到飞鹏的背包里。

说好了傍晚6点准时回到家，可是7点还没有见到儿子的影子。妈妈眼前开始晃动各种不测，车祸？迷路？车坏了？被绑架？徘徊了许久，忍不住给儿子打了个电话。

电话里传来儿子焦急的声音："同学的自行车坏在半路了，我们正在想办法！哎呀，急死人了！"妈妈从儿子带着埋怨的声音里，听出了慌乱。

"你们在哪条路上，决定怎么办？"妈妈问。

"在高新技术开发区外的银河路上，我们等了1个多小时也打不到车。"儿子的声音里带着哭音。

"从银河路上下来，你们会看到一个站牌！在那里能够打到车！你们不妨试试！别慌，保持镇定！"妈妈叮嘱儿子。

儿子犯难："一辆出租车也放不下这么多人呀？"

妈妈说："那就多打一辆车，打不到车就一部分人坐车，一部分人骑自行车回来！怎么样？"儿子在电话那头说："行！"

儿子回到家后，滔滔不绝讲述着今天的游玩，最后对妈妈说："要不是您，我们可能到现在还回不来呢？"

"瞧你们一个个的，在家里鬼主意多着呢，一出门就傻眼了。世上无难事，只怕有心人。遇到任何事情一定要镇定，不要慌乱，只要分析一下形势，静下心来就能想出好方法！"

儿子点点头："嗯！多出去几次我就有经验了，这次收获可真不小。"

只有多历练，多接触社会，孩子才有经验，遇到事情才会心里有底，不至于慌乱。否则，孩子难以独立，会因为软弱、没有经验而"临事慌乱""临阵脱逃"，甚至失去正确的判断，而惹来麻烦。

孩子，你要勇于实现自己的理想

父亲和读五年级的儿子坐在一起看电视。孩子见屏幕上的那个律师口若悬河、滔滔不绝，一会儿引经据典，一会儿举例证明，说得大家个个点头称是，敬佩之心不禁油然而生，便转身对父亲说："爸爸，我以后也要当个律师。"父亲立即说："好啊！我支持。不过，当律师可不是很容易的，必须熟悉很多的法律法规，许多条文都必须背得滚瓜烂熟，如果磕磕巴巴，谁会来请你呢？可你，现在连书都懒得背。你想当律师，从现在起，我看就要每天背一首诗，先把记忆力练练好。"听父亲这么一说，孩子就不作声了，心里却在想：那我还是不当律师算了。后来，孩子看一部反映特警战士的纪录片，看到高潮的时候，对旁边的母亲说："妈妈，我以后也要当特警。"接着在沙发上摆了几个招式。母亲说："这很好啊！我赞成。不过现在你必须好好读书，因为特警的要求很严格，不但要有丰富的科学文化知识，而且还要跌打滚爬，还要有不怕吃苦的精神。你呀，一点苦都吃不起，体育成绩也一般。以后，每天早晨早点起床，好好去锻炼锻炼。"孩子经母亲的这一番教育，想当特警的念头也一下子荡然无存了。

孩子在接触各种新鲜事物时，会自然而然地萌发自己的理想，这是很好的事情。对孩子的理想，父母如果觉得是合理的，就应该给予支持。但支持不是简单地说句好，也不是马上提出要求，并要孩子为实现理想去奋斗。支持是要讲究方式方法的，是必须充分考虑孩子的心理准备和接受能力的。像上面例子中的父母，从主观上说，他们对孩子的理想都是热情支持的，但从客观效果来说，实际上都是扼杀。主观愿望和客观效果完全相反。为什么会这样呢？这是因为：孩子在接触新事物时刚刚萌发的这种理想，是非常稚嫩的，不成熟的；是感性的，非理性的；是临时的，没有多少准备的；是理想之苗，但不能说不是理想。对这种处于萌芽状态的理想，做父母的如果用纯理性的、非常严格的终极标准来要求孩子，并希望孩子能马上付诸实践，这就会使孩子感到措手不及，感到目标实在太遥远了，根本无法实现，因而觉得还不如放弃。每个孩子都应该有自己的理想，但理想的确立需要一个由初步设想到牢固树立的过程。在它的萌发之初需要点拨和引导，需要精心呵护。对孩子的理想，不理不睬是错误的，拔苗助长也是错误的。如果我们都用这样的态度来对待孩子的理想之苗，那么，也许孩子永远也不可能树立稳固的理想。

怎样才是对孩子理想的真正支持呢？真正的支持应该建立在对孩子的充分理解和尊重的基础之上，必须以孩子的现实准备为前提，然后进行适当的启发和诱导，不是说教，不是命令，也不是趁机提条件。比如，当孩子提出以后想当律师时，你不妨这样说："看来，当律师倒是很不错的。孩子，你说，那个律师为什么说得那么好，让那么多人都敬佩不已？不知道他小时候读书怎样？"这样可能让孩子自己去思索；或者也可以这样说："想不到你想当律师，这个理想好！我支持。孩子，你想想，当律师最需要什么才能？"总之，对孩子的理想之苗，家长要一点点地培养和扶持，要细心浇灌和滋润，不要一见小苗，就立即倾盆大雨，恨不得让它明天就成为一棵大树。

孩子，你一定会有所作为的

孩子在父母不断地激励与鼓舞下会不断地树立信心。父母的支持与赏识是增强孩子上进心的内在动力，也是充分挖掘孩子潜能的一种无形的力量。

罗纳尔的成绩很差，每次考试总是在倒数几名。老师一直说他无可救药了，连他自己也觉得这辈子不可能成功。为此，他一直很沮丧。

有一天，老师兴奋地在班上宣布，著名的学者罗森·索索尔要来班上做实验。

罗森是研究人才学的专家，据说他有一种神奇的仪器，能预测出谁在未来会获得成功。

罗森只是到班上转了几圈便没了踪影，罗森的几位助手为学生们做了一次例行体检，除了体重计、血压计、听诊器之类，也没有什么神秘的东西。体检和学校平日组织的没有任何两样，只是助手多和孩子们拉了几句家常，问了些诸如"住哪儿""父母是干什么的""希望将来干什么"之类的话。

一天，老师神秘地点了五个同学的名字，请他们到办公室来一下。罗纳尔紧张得很，以为自己又没考好，是不是去挨训？其余几个同学也莫名其妙，因为他们的学习成绩平平。

办公室里坐满了老师，还有久违了的罗森·索索尔以及他的助手。"孩子们"，罗森和蔼可亲地说，"我仔细地研究了你们的档案、家庭以及现在的学习情况，我认为你们五个人将来会成大器的，好好努力吧。"

罗纳尔以为自己听错了，可是看看在场别人的表情，他知道这是真的。

从办公室出来，罗纳尔觉得自己脚步轻松了许多，他想："原来我还有希望，罗森是这么说的，他的预测一向是准确的，我要努力！"再看看其余四个人，罗纳尔觉得他们也全部面露喜色。

"罗森说我会成大器的。"罗纳尔一直这么激励自己，很快，他的成绩跃居班级前几名，当然被罗森点到的几位同学也都名列前茅。

十五年后，罗纳尔顺利地从哈佛大学数学系取得了博士学位，在毕业典礼上，他见到了久违的罗森教授。罗森头发白了，但罗纳尔还是一眼认出了这个他生命中最重要的人。罗森竟然还记得罗纳尔，热烈地向罗纳尔表示祝贺。

"可是……"罗纳尔最终还是忍不住地问了起来，"您是凭着哪一点确信我一定会成功的？当时连我自己都绝望了。

"孩子，我给你看一样东西。"罗森请罗纳尔到自己的电脑室去，在那里，他调出了罗纳尔的全部资料，包括从他们那次实验后的每次考试成绩记录、就读的大学的情况。不仅有他的，还有其余四个人的。罗纳尔一点也不明白是怎么回事。

"那次实验到现在才结束，实验的题目是《语言的激励作用对人的影响》，我们一直对你们五人进行跟踪调查，实验大获成功。实际上，我并不知道你们都会成功，但除了因车祸而亡的丽达，你们都成功了。我只是从花名册上随便勾出五个人名，在此之前我对你一点也不了解。实验表明，帮助孩子培养对自己能力的信心，更能发挥孩子的潜力，因为人类会经常被自己心中的信心所引导，小孩也不例外。"

罗森·索索尔的这个实验是心理学上著名的实验，这是利用语言的暗示功效来培养人的自信心。罗纳尔正是在鼓励之中唤起信心而获得成功的。

现在，很多做父母的对孩子要求很严格，有错误、缺点从不放过，发现了就及时批评教育。这种不姑息、不袒护、不放任的态度是对的，也体现了对孩子殷切的爱，但教育效果并不是很理想。什么原因呢？原因在于只是一味地批评，不符合孩子的心理特点。

孩子的信心来源于父母有效的夸奖。孩子需要夸奖，需要鼓励。"夸"不仅仅表明了父母的信心，同时也坚定了孩子的信心。只有孩子对自己充满了信心，父母才能培养出优秀的人才。那么，家长具体要怎样去赞扬和鼓励孩子呢？

（1）不要给孩子消极的期望。当一个家长要求孩子第二天早晨自己收拾书包时，应该说："我相信你能做到这一点。"而不是说："你能做好吗？"后一种说法会使孩子自己也怀疑自己是否有完成这个任务的能力，在具体做的时候就不是努力去做，而是容易气馁，半途而废，招致失败。

（2）不要对孩子提出不合理的高标准。家长和老师都希望孩子上课能够时时刻刻专心听讲，每天都能够做到作业本整整齐齐，穿着干干净净，然而，这对于上幼儿园、小学的孩子来说大多数人是不可能做到的。所以，家长不能对孩子期望过高，不要使孩子觉得他们始终达不到预想的标准，这样的孩子会过早地失去童真和快乐，也会失去自信。

（3）重视孩子的贡献、自身价值和优点。要想使孩子感觉良好，就要使他们感觉到自己是有用的人，并且知道他们的贡献确实有用，受到重视。

很多家长说自己孩子时，总是把他们说得一无是处，在家里又什么都不让孩子做，因为孩子做什么都难以达到家长的高标准。要想使孩子觉得自己有用，家长应该客观地评价自己的孩子，肯定孩子的长处，帮助孩子用自己的特长为家里做出一份贡献。

例如，孩子擦玻璃擦不干净，但是擦其他的东西做得很好；扫地扫不干净，但是去取牛奶、买早点却很麻利……家长总能发现和培养出孩子做某件事情的特长，使这件事情成为孩子的"专利"，常常赞扬他，鼓励他越干越好。这样，孩子当然会为自己在家庭中的"重要位置"而感到自豪和自信。

（4）鼓励每一个进步，而不是关注最终的成就。家长常常关注孩子的考试成绩，或者关注孩子参加什么比赛得了几等奖，却容易忽视孩子平时的每一个微小的进步，这样做的结果会使孩子索性不去尝试每一个微小的努力，因为他一下子看不到长远的结果，又缺乏耐心和意志。因此，家长需要对孩子的每一个进步都有鼓励，使他们的正确行为得到强化。

你要做一个勇敢的孩子

很多父母都说过，自己的孩子非常胆小，每天都跟在父母后面，一刻也离不开，不敢独自出去玩，不敢和陌生人说话，不敢一个人睡……作为父母，谁不愿意自己的孩子具有坚强的意志和勇敢的精神？期望自己的孩子将来成为"龙"或者"凤"？但是看看自己的孩子，一副胆小怕事的样子，将来怎么会有出息？心里难免会有些失望，而勇敢的精神不是天生的，完全可以通过后天科学的心理训练，耐心地教育、培养出来。

勇敢是指敢于做自己力所能及的事情，司马光砸缸的故事就是一个特别好的例子：

有一天，小孩子们聚在一起玩捉迷藏，有一个小孩儿爬到假山上，结果不小心摔了下来，正好摔到大水缸中。水缸又高又大，小孩儿很快就会被淹死。别的小孩子有的吓哭了，有的吓跑了。只有一个叫司马光的小孩子很勇敢，他急中生智，抱起地上一块大石头使劲儿向水缸砸去，水缸破开了，水哗哗的流了出来，缸中的小孩儿得救了。司马光机智勇敢的举动，受到了大家夸奖。

由于司马光从小勤奋好学，又喜欢读历史书籍，使得他博学多闻，二十岁时考中了进士。他在朝中做官期间，努力收集历史资料，经过几十年的努力，最后编成了《资治通鉴》，后来还当过宰相。他也成了我国宋代有名的史学家。

勇敢就是一个人能够积极应对各种突发状况，遇事不惊慌，能够想办法自救或者救助他人。就像司马光一样，如果他一遇事慌张不去想办法救人，那掉入缸中的小孩儿就会有被淹死的可能。相反，司马光的做法，才能称得上是勇敢。

勇敢是孩子应该具有的一种良好的品质和习惯，勇敢和勤劳一样，也是中华民族的传统美德。每一个孩子无论是在学习中，还是在生活中，要想获得成功，勇敢是必备的条件之一。从小就养成孩子勇敢的习惯，是家庭教育中的重要环节，作为家长，应该怎样培养孩子勇敢的习惯呢？

（1）对孩子进行榜样教育。榜样的教育作用对孩子来说，效果是非常好的。很多英雄在追求真理的过程中，在遇到困难和危险时，都能表现出勇敢献身的精神，令人敬佩，这些都是最值得孩子学习的地方。

我们的朱德总司令，在他年少时，就经常从隔壁老匠人及私塾先生那里听到关于太平天国的故事和清朝末期朝廷昏庸腐败的事情。其中的英雄形象深深地印在了少年朱德的脑海里，从内心深处激发了他的革命英雄主义精神，促使朱德走上了革命道路，同时也成就了朱德为革命事业英勇奋斗、矢志不渝的光辉人生。那时候，朱德还是一个孩子，他还不到 14 岁。

孩子的人生观、道德观以及性格和习惯等都是在多种环境影响下逐渐形成的，这是一个漫长而复杂的过程，在这样的过程中，孩子尤其需要父母的关心和支持，作为家长，应该培养孩子养成勇敢的习惯，多讲讲那些大智大勇的英雄故事，指导孩子学习英雄人物的勇敢品质。

（2）让孩子养成正确的思想，树立远大的理想。从心理学上看，孩子的思想制约着他的性格和习惯的形成。如果孩子从小就养成了为社会、为人民服务的思想，树立了远大的共产主义理想，那么，孩子就会养成符合人民利益要求的勇敢的习惯，否则，勇敢也会变成鲁莽、粗暴、蛮不讲理。

（3）言传身教，给孩子创造一个良好的环境。在生活中，父母是孩子最亲近、最可信任的人，也是在一起时间最长的人。因此，父母在生活中对他人、对家庭、对集体、对社会，都要勇敢地去承担各种责任，不要给孩子造成一种"各人自扫门前雪，不管他人瓦上霜"的印象。家中来了客人，要让孩子主动问候招待，勇敢地和客人交谈；与别的孩子闹矛盾，要鼓励孩子勇敢地承认错误；学校布置的活动，要鼓励孩子积极参与；在上课的时候，鼓励孩子勇敢地发言；家中事务，要鼓励孩子发表意见。这样，给孩子创造一个良好的环境，孩子的勇敢品格才会在学习生活的实践中逐渐形成。

孩子，你要勇于改正错误

有很多"恨铁不成钢"的父母会揪着他们认为的"笨孩子"的耳朵，或者用尺子狠狠地敲打不听话孩子的手，跟他们讲道理，他们认为"不打不成才"，痛了才能记忆深刻。其实，这样的做法其成效是微乎其微的。可以想象一下，即使大人将孩子的耳朵揪红了、手指打肿了，也很难让孩子变得真正"听话"。这样的惩罚方式对孩子来说是残酷的，孩子不但不能因此而聪明起来，反而可能变得更加桀骜不驯。实际上，孩子只有借助不断地锻炼与汲取操作的经验，能力才能增强，而不是靠蛮力来惩罚。

很多父母都觉得"批评"或"奖赏"孩子的做法是促使孩子进步的动力和健康成长的保障。因此，在学习和生活中，孩子表现得好，或考试多拿了几分，会得到巧克力；表现不好，或考试没达到大人理想的结果，就会受到惩罚。他们固执地认为，教育孩子主要就靠"夸奖"和"惩罚"这两个手段，这才是教育好孩子的有效绝招。

然而，大量的教育研究证明，在孩子的教育过程中，有一件事情是绝对不能做的——那就是以夸奖、惩罚或打着"改正孩子错误"的旗号对孩子进行干涉。有的父母可能会着急：夸奖和惩罚都不能用，那要怎样才能让孩子改正错误，帮助他们走上正道呢？

事实上，若父母习惯于对孩子进行夸奖和惩罚的话，孩子就很容易对父母的行为产生依赖——父母鼓励，他们就做；父母呵斥，他们就停。他们无法拥有自发做事的激情，一切的动力和细节约束都必须依靠父母来提供，丧失自我约束的能力。这将是非常糟糕的一件事，对塑造孩子的性格也是有害无益的，可以设想一下：当孩子激情满满地投入自己喜爱的游戏或工作中时，父母不停地干扰，若孩子做得好就奖励一根棒棒糖，若做得不好就不带他到公园玩，孩子动不动就要停下来接受奖励或者惩罚，这很容易影响孩子工作的纯粹性和积极性，也会扰乱孩子工作时的专注力和精神创造的自由，还给孩子带来一定的精神压力。

和大人们一样，孩子一旦做自己喜欢的事，就会忘记一切。这时任何的奖励和惩罚都不能与他们手里的"工作"相比，对他来说都是干扰，会打消他的热情和积极性。设想一个孩子在搭积木，他想搭一座高塔，但是因为方法不对，他不断失误，但他并没有失望，还是愿意尝试。可父母却因为孩子把积木弄得满地都是而要惩罚孩子，愤怒地骂他很愚蠢，还用戒尺打他的手。这种伤害不单是肉体上的，更会在心灵上造成创伤，孩子也许真的就认为自己很笨，从而对自己失去信心。这样的教育方法是错误的，对孩子的成长不会有任何帮助，更不能改正孩子的错误。俗话说，"熟能生巧"，其实，让孩子改掉错误最好的办法就是让他在"工作"中反复练习，直到应用自如，呵斥或奖励是解决不了根本问题的。

此外，父母对孩子的指责并不是针对孩子错误的本身，而是在重复陈述连孩子自己都明白的缺点，因此，对孩子改正错误是没有任何帮助的。我们所要做的就是如何帮助孩子进行更多的训练，并且告诉孩子错在哪儿，引导孩子如何加以纠正。要知道，孩子也渴望完善自己，这种渴望甚至比我们的期待更要强烈，我们应该及时为孩子提供训练的工具和环境，满足他们的这种渴望。

首先，可以锻炼孩子敏锐的观察力。在日常生活中故意安排一些显而易见的错误，让孩子来纠正，以此锻炼他们发现错误的能力，在改正错误的过程中，不断完善自己。若挑错改错，对孩子而言，成了一件"好玩"的事情，那也就会成为孩子的兴趣所在。例如，父母和孩子做"按命令行事"的游戏时，可以递给孩子写着这样的话："到外面去，关上门，然后回来"的纸条，让孩子按照纸条上的命令去做，若孩子仔细研究这句话后，然后依照命令行动起来，在行动过程中他就会发现问题："如果我把门关上了，我怎样才能回来呢？"这样他就会发现"命令"中的错误，并且纠正过来。

其实，犯错并不可怕，任何人都不是十全十美的，大人都经常犯错，何以对孩子如此苛求。印度诗人泰戈尔曾经说过："如果把所有的错误都关在门外的话，真理也要被关在门外了。"小错误还是成长的资源，是孩子的另一个学习渠道。例如，当孩子在跌跌撞撞学习走路的时候，不免会犯下无数个小错误，然而他们都通过自己的力量克服了，并因此更健壮、更灵活；孩子之间都会产生矛盾和冲突，但每个孩子可以从中学会自我保护；孩子砸烂东西、伤害小动物，却可以从中学会怜悯、爱惜和承担责任。

正是由于错误的存在，孩子做事才变得越来越熟练和准确无误。孩子是通过改正一个个错误得以成长和进步的。孩子若缺乏改正错误的能力，很容易变得自卑和软弱。因此，父母不能总是尝试代替孩子改正错误，因为你们不能做孩子一生的"校对师"，这样做只会剥夺和破坏孩子自身的修正能力。

父母要学会积极暗示正向激励孩子

积极暗示法就是通过大人的语言、动作、表情、行为榜样等手段和方法，给小孩以正面的影响和激励，让小孩在潜移默化、不知不觉中受到教育。

案例一：不要怕，这点痛算什么。

淘淘生病了，每天都要打针吃药。看着自己的心肝宝贝"受罪"，母亲经常心疼地掉泪，外婆还当着淘淘的面埋怨爸爸和母亲没有照看好自己的孙子。为了看护好生病的淘淘，全家人都忙得不亦乐乎，对他更是呵护备至，有求必应。过了几天家人发现，淘淘的病虽然好了，但是脾气却比平时更大了，更娇气了。

淘淘病好之后的表现，其实正是因为在生病期间得到了家人消极暗示造成的。淘淘病了，全家人兴师动众的紧张气氛，让小孩觉得：我是全家的中心，我生病是件了不起的大事。

正确的做法是：保持平常的心态、给予小孩积极的暗示，把担忧、焦虑、心疼的情感藏在心里，尽量不在小孩面前表露出来。大人要用积极乐观的情绪感染小孩，可以跟小孩聊天："母亲像你这么大的时候也得过和你一样的病，母亲也怕打针，打针也会哭鼻子呢！不过疼也得打呀，不然病怎么会好呢！其实打针也没什么可怕的，就像被小蚂蚁咬了一口，对了，母亲给你讲一个《小蚂蚁和大力士》的故事吧！"……小孩在父母积极乐观态度的暗示下，会领悟到：每个人都有可能会生病，病了就要积极面对和治疗，这点病痛不是什么了不起的大事。

在小孩生病期间，给小孩介绍一些勇于跟病魔作斗争的榜样，如：张海迪、保尔、海伦·凯勒等；还可以讲讲解放军叔叔在战场上英勇作战打敌人的故事，让小孩在榜样的激励作用下增强与疾病作斗争的信心和毅力，从而培养小孩不娇气，坚强自信的性格品质。

案例二：孩子不爱吃青菜怎么办。

父母带孩子去餐馆跟朋友一起吃饭，饭桌上，孩子把不爱吃的青菜都从碗里挑了出来，母亲看到，跟朋友说："这个小孩，就是不爱吃青菜，真不知道该拿他怎么办！"

父母可以采取积极暗示的方法："咱们家孩子原来不爱吃青菜，现在能够吃一些了，他知道青菜是很有营养的，不吃对身体没有好处，对吗孩子？"如果孩子还是不愿意吃就不要勉强，大人只要边津津有味地吃边讨论这个青菜做得如何好吃就可以了。

母亲在家里也可以故意跟爸爸讲悄悄话（让孩子能听到）："你知道吗？现在咱们家的孩子不挑食了，开始吃一些青菜了，他还把学过的儿歌说给孩子听，'吃饭了，快坐好，渐渐吃，细细嚼，不掉饭粒不撒汤，鱼肉蔬菜都吃光'。不信吃饭的时候你偷偷观察一下……"

如果小孩存在哪方面的缺点，父母不能经常唠叨和数落，更要注意不能当着其他人的面进行批评和数落，因为这样不但起不到教育的作用，反而间接给小孩提了醒，起到了强化的作用，并让小孩对自己的不良行为产生认同，在潜意识中认为"我就是这样的"。

第八章

夸奖与批评一个都不能少

阳光未来丛书

做个读懂孩子会沟通的好父母

YANGGUANG WEILAI CONGSHU

ZUOGE DUDONGHAIZI HUIGOUTONG DE HAOFUMU

学会每天夸孩子一句

在幼儿园图书馆，一位老师微笑着向孩子们走过来，他的背后是整架的图书。

"孩子们，我来给你们讲个故事好不好？"

"好！"孩子们答道。

于是老师从书架上抽下一本书，讲了一个很浅显的童话。

"孩子们"，老师讲完故事后说，"这个故事就写在这本书中，这本书是一位作家写的，你们长大了也一样能写这样的书。"

老师停顿了一下，接着问："哪一位小朋友也能来给大家讲一个故事？"

一位小朋友立即站起来："我有一个爸爸，还有一个妈妈，还有我……"幼稚的声音在房间中回荡。

这时老师用一张非常好的纸，很认真、很工整地把这个语无伦次的故事记录下来。

"下面，"老师说，"哪位小朋友来给这个故事配个插图呢？"

又一位小朋友站了起来，画一个"爸爸"，画一个"妈妈"，再画一个"我"。当然画得很不像样子，但老师同样认真地接过来，附在前述的那一页纸的后面，然后取出一张精美的封皮纸，把它们装订在一起。封面上写上作者的姓名、插图者的姓名，"出版"的年月日。

老师把这本"书"高高地举起来说："孩子们，瞧，这是他俩合作写的第一本书。其实，写书并不难，你们还小，所以只能写这种小书，但是，等你们长大了，就能写大书，就能成为伟大的人物。"

这就是美国幼儿园的人生第一课，对我们的父母是否有所启发呢？

一项研究表明，经常受到父母、老师夸奖和很少受到父母、老师夸奖的孩子相比，前者成才率比后者高五倍！许多父母都知道：如果今天夸孩子的手干净，第二天他的手会更干净；如果今天夸他的字比昨天写得好，明天他的字准会写得更工整；如果今天夸他讲礼貌了，明天他会更注重礼貌……孩子毕竟是孩子，在受到父母的夸奖时，他不仅心情愉悦，而且懂得了什么是对的，什么是错的，什么是父母提倡的，什么是父母反对的。这样，比父母直接对他说应该做什么、不应该做什么，效果要好得多。

做父母的哪有不望子成龙的？"棍棒底下出孝子"那种传统的教育方式早应随着时间的推移而被抛弃了，父母要像朋友一样与孩子互相尊重。记得有位名人说过：聪明的孩子是在爱、表扬与鼓励中长大的。叶圣陶说：教育的重点是"育"孩子，如幼苗，如花朵，在成长的过程中需要阳光的照耀、雨露的滋润，而不是风霜的侵袭。父母多给孩子一些赞美吧！因为那就是孩子的阳光和雨露。

有些父母认为，自己的孩子表现不佳，没什么好赞美的。假如这样想，就大错特错了。孩子在成长，每天都会有变化。父母一定要善于发现孩子身上那些积极的变化，比如孩子对知识的渴求，孩子的善良和单纯，凡是正面的表现都要及时发现，并给予鼓励。

孩子的良好习惯的养成，也是以一点一滴微小的进步累积起来的。父母应该用放大镜去发掘孩子的优点，譬如孩子某天做作业时不用大人提醒，这就是进步。这时父母给孩子写一张纸条：孩子，爸爸妈妈今天看到你长大了，能自觉完成作业，不再让我们操心了，爸爸妈妈好开心！如果你每天都能这样做就更棒了！孩子，爸爸妈妈相信你一定能做到的！然后把纸条放在孩子的枕头边，让他一觉醒来后看到，这样孩子当天肯定有一个好心情，而且会做得更好。

还有很多的生活细节，如洗脸、刷牙、穿衣服等，只要父母给予鼓励，孩子的进步就会更快。

早点行动起来吧，父母每天付出几分钟时间的夸奖，换来的将是让人宽慰的一天、一个月、一年……

对孩子要认真赏识

情景一：六岁的凌寒告诉妈妈今天她的画得到了老师的表扬。

妈妈回答："我早就知道你是最棒的。"

情景二：雨莲从幼儿园回来闷闷不乐，因为小朋友嘲笑她有个大蒜头鼻子。

妈妈回答："你的鼻子挺漂亮啊，妈妈就喜欢你这个样子。"

第一个例子中的妈妈如果总是用"最漂亮的""最可爱的""最能干的"这样的语言鼓励孩子，会在不知不觉中给孩子太多的压力，令孩子对自己的期望过高。一旦孩子渐渐发觉并非如此，反过来有可能导致自我怀疑，并随之产生自卑、嫉妒等负面情绪。

因此，不要不切实际地表扬孩子。"今天你真漂亮"比"你是最漂亮的"要好得多。"这个故事真有趣"比"你讲故事是全班最棒的"更合理。

第二个例子中的妈妈当然知道自己不过是在宽慰孩子，可是难道孩子就不知道吗？这种宽慰并不能真正解决孩子的问题。孩子甚至可能会因为你不理解她的伤心而一个人把不快压在心底，不再对你说什么，在今后的社交中出现心理障碍。

正确的做法应该是，先问问她是不是在和谁做比较，然后告诉她每个人的相貌都有自己的特点，这是无法比较的。多说几次，孩子就会习惯于接受现实。当然，对于能够改变的现实，父母也可以给孩子提出积极的建议，比如说孩子认为自己不够高大，父母就可以鼓励他多吃饭、多参加运动。无论怎样，父母首先要表现出理解孩子的不快乐，千万不要一上来就乱安慰。

"赏识"不能简单地等同于"赞扬"或"奖励"，如果说后两者更多地针对孩子已完成的良好行为、已取得的优秀成绩，目的是给予孩子肯定的评价，那么，赏识的应该是针对孩子做事的过程、努力的过程，目的是让孩子有信心坚持下去。

不要认为赏识一定就是要夸奖孩子，针对孩子的实际情况为孩子设定一个"够得着"的小目标，这本身就是一种有效的赏识，而且这种情况下的赏识不会产生"副作用"。

让孩子养成一个习惯，在晚上睡觉前问自己一个问题，比如：今天，我为我的目标做了些什么？不要求孩子记日记，但鼓励孩子在"目标日历"上写点或画点什么。比如画上一张笑脸……

能发现孩子身上的闪光点

浩轩不喜欢学习，但他热爱劳动，生活自理能力强，对别人也很关心……有不少突出的优点。浩轩的妈妈却看不到浩轩身上存在的这些优点。在她的眼中，浩轩的成绩不好，就一切都不好。浩轩因为成绩差，经常受到妈妈的批评和无端指责。

有一次，浩轩正在收拾自己的房间，并且找出了脏衣服准备去洗，他的妈妈走进来，一把夺过浩轩手中的脏衣服说道："谁让你整理房间了？谁让你洗衣服了？不想学习就拿这些事当幌子，没有一点出息！告诉你，成绩不好其他方面再好也没有用，赶快去学习。"浩轩在妈妈一番无端的数落下，不高兴地坐在书桌前，心却并没有放在学习上。他想不通妈妈为什么只看重自己的学习，只盯住自己的短处，并且因此把自己所有的优点都抹杀了。

后来，在妈妈这样的指责下，浩轩的成绩不仅没有提高，反而下降了不少，同时，浩轩的那些优点也慢慢地变没了。

浩轩的故事告诉我们：任何一个孩子，不管他的天资再差，缺点再多，只要他有那么一点点的优点，就是可教之才。作为父母，要善于发现并放大孩子的优点，让孩子在自信中成长。有时，即便孩子犯了错误，父母难免会责备孩子，但是责备的方法有很多种，如果方法不当，可能会影响孩子的一生。而如果父母善于找到孩子错误中隐藏的优点，然后赏识孩子，不仅可以让孩子充分认识错误，而且还会使孩子继续保持这个优点，从而养成良好的对待错误的习惯。

每个父母都望子成龙，都希望孩子出类拔萃，希望孩子身上的缺点越少越好，希望孩子能早点改正缺点。但是，孩子都希望得到父母的赏识，不愿意听到父母的批评。受到赏识的孩子会更加自信、积极，以后会做得更好；受到批评的孩子会产生自卑的心理，还会产生与父母对立的情绪，产生破罐子破摔的想法，像上例中的浩轩一样，优点消失了，缺点更严重，最后与父母的愿望大相径庭。

其实，孩子将来的成功，依赖于很多的因素，不只是成绩一个方面。还与孩子各方面的能力、素质、品质等有关。孩子的优点，只要父母细心观察，就会随时有所发现，哪怕是在孩子的缺点中，都能找到优点的藏身之处。

父母要善于发现孩子的优点，并且把这些优点放大去看。不管是从孩子缺点中提取的优点，还是孩子很小的进步，都要及时提出来进行表扬，以此增加孩子的兴趣与自信。父母应鼓励孩子把优点发扬下去，引导孩子把缺点变成优点，激励孩子挖掘出自身的潜力，帮助孩子打下走向成功的基础。

每个孩子都需要父母的赏识，缺点很多的孩子更是如此。父母要有善于发现孩子优点的眼光，并且放大孩子的优点进行表扬和激励，最终会使平凡的孩子变得优秀，优秀的孩子更加杰出。而不要像上例中浩轩的妈妈那样，只是抓住孩子的缺点不放，把孩子的优点也当缺点去批评，这样将会毁了孩子的一生。

那么，父母应怎样发现并放大孩子的优点呢？

1. 不要老盯着孩子的缺点

对于孩子来说，父母的话具有很大的权威。所以，父母不仅不要整天把孩子的毛病、缺点挂在嘴上，不停地数落，更不要对孩子说结论性的话，比如"笨蛋""你真没救了"等。千百年来，我们的教育观念，就是先找孩子的缺点，然后不断地提醒、警告，让他改掉缺点。总认为改正了缺点，孩子就进步了，就提高了，没缺点了就完美了，完美了就杰出了。这个理论是不对的、不可取的。

2. 用发展的眼光看待孩子

不要把孩子看得太局限了。只要细心观察孩子，就会发现孩子有进步的地方。可能是对问题的认识提高，分析问题的能力增强，可能是某方面科学文化知识增加，可能是一次作业进步或者一次考试进步，可能是在劳动或公益活动方面表现较好，可能文艺、体育取得好成绩，可能有什么小发明、小制作等等。关键的是要拿孩子的今天比昨天、比前天，而不是跟别的孩子比，哪怕发现一点微小的进步，也应及时肯定。不应总是横着比或高标准要求而觉得看着不起眼儿，认为不值得一提，就把点滴进步漠视、忽略过去。应该想到"星星之火，可以燎原"，优点是一步步发展的。

3. 适当夸大孩子的进步

孩子即使没有进步，父母也应该寻找机会进行鼓励。如果孩子确实有了进步，父母就应该及时夸奖他们"进步挺大"。这样一般都可以调动孩子心中的积极因素，促使孩子期望自己取得更大的进步，就有可能取得"事半功倍"的奇效。

对孩子夸奖一定要发自内心

从女儿第一次自己拿筷子吃饭、第一次自己穿衣服、第一次会背诵儿歌……到现在，我已经记不清楚对女儿说过多少回"你真棒""太聪明了"

"多乖"等类似的表扬话。当时看来，我的这些表扬挺管用。不论在学校、家里还是外面，女儿在人们眼里都是一个"乖乖女"。

不过，我最近却为女儿太乖发起了愁：她从不主动和别人说话，一见到生人就惶惶不安，也不像其他孩子对自己没尝试过的事充满好奇。一向活泼好动的女儿不知从何时起不见了。

最后，我只好去咨询心理专家。专家给了我答案：问题就出在我对女儿的表扬上，表扬绝不是简单地给孩子贴上"聪明"、"乖巧"等标签，类似我的"贴标签"式的表扬太模糊了，孩子并不能真正理解让她赢得表扬的行为是什么，以至于以后，她可能为了成为家人眼里的"乖宝宝"或继续获得表扬而一味地听从大人，不敢发表个人看法，更不敢尝试自己没有把握的新领域。

表扬是一种神奇的教育方法，但如果父母不分场合、不分情况一味地表扬孩子，孩子往往就会被夸得一头雾水、不知所措。有时甚至还会因此引起反感，以致认为父母太"虚伪"。

所以，父母表扬孩子一定要发自内心，要真诚而具体。只有这样，表扬才会起到事半功倍的效果，若不然，表扬只会事倍功半。

父母发自内心的表扬，可以拉近孩子与父母心灵之间的距离，使彼此成为真正的朋友。这不仅吸引着孩子向父母真心靠拢，还会使他们更自然地倾听父母的教诲、接受父母的人生经验，在此过程中，父母时刻都在发挥着潜移默化的作用，以自己的积极乐观影响着孩子的生活与成长。

父母发自内心的表扬，可以营造宽松、和谐、民主的气氛。无数事实证明，只有在这样的家庭气氛中，才会培育出自信、自律、坦诚、大度、勇于承担责任和人格健全的新一代。这对孩子适应社会生活、保持心理平衡和维护心理健康具有十分重要的意义。

父母表扬孩子要真诚，应做到以下几点：

1. 让孩子根据自己的判断选择良好的行为

父母要做的，是帮助和支持孩子的选择，而不是替他选择，实际上也就是承认孩子的独立性，鼓励他探索的信心，当孩子有这种自豪的体验时，其实是对他最好的表扬。反之，孩子以后做事就有可能战战兢兢，甚至成为循规蹈矩的"小机器人"。

2. 不要对孩子抱有不切实际的期望

面对当今日益激烈的社会竞争，许多父母都想让自己的孩子无所不能、无所不精，各方面都胜人一筹。这种过高的期望会导致父母总带着有色的眼镜看待孩子。如此这般，父母就不能对孩子有正确全面的认识，对孩子的赞赏自然就会有失公正，或根本就是敷衍。

3. 表扬要事出有因

表扬不能泛滥，要具体。只有实实在在的表扬，才最能感动人。很多父母在表扬孩子的过程中，往往会用"你真棒"一句带过，并不对孩子的具体行为做出表扬。其实，这就不是一种正确有效的赞美方式。特别对于一些年龄尚小的孩子来说，父母更应特别强调孩子令人满意的具体行为，表扬得越具体，孩子对哪些是好行为就越清楚。比如，两个小女孩在一起玩，一个不小心摔倒了，另一个赶紧跑过去把她扶起来，帮她拍净身上的土。这时，父母就应表扬得具体一些："你今天把小朋友扶起来，你做得真好，妈妈很高兴。以后和小朋友在一起玩耍，就要像这样互相关心、互相帮助。"这种具体的表扬方法既赞扬了孩子，又培养了孩子关心别人、助人为乐的良好行为。孩子以后再遇到相同的情况，也就更容易做出正确的选择。

学会在别人面前夸奖孩子

伟祺今年 7 岁，是一个活泼可爱的小男孩，他的父母都是农民。有一次，妈妈带着他去城里的大姨家做客。大姨家的女儿比伟祺小两岁，看见伟祺母子后，就走上前甜甜地叫姨妈和哥哥。伟祺因为来到陌生的城市环境，一时难以适应，看见姨妈与表妹时也不敢上前打招呼，躲在了妈妈后面不吭声。

伟祺的妈妈看到这情景，就夸伟祺的表妹有礼貌，批评伟祺虽然比表妹大，却没有表妹懂事。妈妈对表妹表扬、对自己的批评刺激了躲在后面的伟祺，他站出来对着妈妈嚷道："我怎么不懂事了？你就知道夸别人。别人再好也不是你的孩子。"这话使伟祺的妈妈大吃一惊，她没有想到儿子竟然说出这样的话，让自己下不了台。

她自嘲地对姐姐说："你看这孩子，这么小，不懂事还不准别人说，真是没见过世面的乡下孩子，与城里的孩子没法比。"伟祺听着妈妈的话，气呼呼地表示不服气。这件事情过去之后，原本活泼可爱的伟祺变得沉默寡言了。

每个孩子都有自尊心，尤其是在别人面前，自尊心表现得更加敏感。所以，父母要多在别人面前对孩子进行表扬，而不要当着别人的面对孩子进行批评。像上例中伟祺妈妈的做法，会严重伤害孩子的自尊心，给孩子不良的心理暗示，使孩子以后真的朝着父母批评的方向发展。

有的父母夸赞别人的孩子，贬低自己的孩子，是出于恭维、客套，而不是因为自己的孩子真的比别的孩子差。但孩子却不知情，认为父母喜欢别的孩子而讨厌自己，以为自己真的不如别人，这些都会在孩子幼小的心里留下不可磨灭的创伤，阻碍孩子健康地成长。有些父母夸奖别人的孩子，批评自己的孩子，可能是认为自己的孩子某个方面真的不如别人，有种恨铁不成钢的感觉。但孩子都有自尊心，父母这样做会伤了孩子，对孩子不仅起不到激励的作用，相反还会使孩子越来越叛逆。

因此，父母要在他人面前多赞扬孩子。如果孩子听到父母当着别人的面表扬自己，自尊心不但得到了满足，而且会增加自信，朝着好的方面更加努力。如果父母当着别人的面夸赞孩子好的方面，会使别人对孩子留下好的印象，由此会对孩子投射出赏识的眼光，也间接地鼓励了孩子。父母夸赞孩子还有一定的技巧，如孩子不在场却能知道父母在别人面前夸赞了自己，这样孩子会更加高兴，知道父母是从内心赏识自己，从而能激励孩子产生无穷的力量，快速地朝着父母所希望的目标前进。

父母当着他人的面夸奖孩子也应有度。不论什么时候，见了任何人都对孩子进行赞扬，这样做反而对孩子的成长不利，也会引起他人的反感。所以，父母当着别人的面赞扬孩子要适度，要恰当，同时要实事求是，不可夸大其词。但更不能像上述例子中伟祺的妈妈那样，当着别人的面贬低自己的孩子，这些都不利于孩子的成长。

在别人面前夸奖自己的孩子时，有以下几点需要注意：

一是夸奖孩子的态度必须是认真和真诚的。不能因为炫耀自己或者敷衍别人而故意吹嘘，夸大孩子的优点。

二是必须有根有据。要根据孩子的平时表现来夸奖孩子，不能为了夸奖而夸奖，凭空捏造事实，让孩子感觉你在作假。

三是要适可而止。不要说起来没完，让孩子感觉不自在。要知道，表扬的话并不是越多越好，有时候说得多了反而无益。

孩子比成人更爱面子。他们对于赞扬是极其敏感的，他们在比我们想象的更早的幼年时期就具有这一敏感度。他们觉得，自己能被别人看得起，尤其是被父母看得起并当众夸奖，是一种莫大的快乐。所以，当跟别人说起自己的孩子时，不管孩子是否在场，都要怀着赏识和尊重的心态去谈论他们："我的孩子很棒，我很喜欢他！"

赏识能让孩子更看重自己

父母认为孩子"好"还是"不好"，对孩子一生的影响的确很大。作为父母如果敢于肯定自己的孩子，对孩子发出"你一定能行"的正向信息，那就会使孩子对自己越来越有信心。相反，如果父母总是对孩子心存过度的担心和保护，对孩子发出的是"你不行"的负向信息，那么时间长了，孩子会真的认为自己不够好。孩子能否有足够的自信心，实际上很大程度取决于父母和老师的态度。

心理学上有一个名词叫作"马太效应"，它来自于一则寓言。这则寓言有这样两句话："凡有的，还要加给他叫他多余；没有的，连他所有的也要夺过来。"这句话通俗的意思就是说，好的往往更好，坏的往往更坏；多的往往越多，少的往往越少。1973 年，美国科学史研究者莫顿曾经概括过这样一种社会现象：越是有声望的科学家越是能够获得更多的奖项，而越是不出名的科学家得到的奖项就越少。莫顿将这种社会现象命名为"马太效应"。

强者越强，弱者越弱，这种效应在学校教育和家庭教育中普遍存在，如果稍微不注意的话，就很容易导致"优生更优秀，差生更差劲"的现象。在日常生活当中也经常会出现这样的现象，家长总是夸耀那些听话学习好的孩子，而对那些不听话学习差的孩子持有批评的态度，时间长了之后，这两种孩子的发展就拉开了差距。

当然，任何事情也都是过犹不及，假如有一个品学兼优的学生，无论是学校领导、班主任还是家长都很喜欢他，这些看似能够使他更"优秀"的因素，却不能给他带来快乐。有些孩子，老师越是夸奖，家长越是宠爱，他就会越发的骄傲自大，目空一切。这样的孩子极有可能会遭到别人的嫉妒、疏远、仇视、孤立。这也并不利于那些好孩子的心理健康，他们很有可能会在学习和生活中形成一种不健康的认知体系和心理模式。

采灵今年上小学五年级了，她长得非常漂亮，学习成绩也不错，成绩在全班总是名列前茅，不仅如此，采灵还能歌善舞，综合素质的发展比较全面，在学校中是个受欢迎的孩子。学校领导很重视她，班主任老师更是将她视为班级中的骨干，在家中，采灵是爸爸妈妈的掌上明珠，在家里说一不二。

但是采灵并没有像家长老师所期望的那样越来越优秀，反而变得自负起来，和同学之间的矛盾也越来越大。在这个学期开学之初，学校重新成立了班委会，班主任很想听听她的意见，她挨个说了同学的缺点，甚至刻薄地表示，全班除了她自己，没有一个人有资格当班干部。她的这种态度，引起了同学们的不满，最终在班干部竞选时，她差了十几票落选，当时就哭了，回家之后任凭父母怎么劝说她都不肯吃饭，就因为这点小事郁闷了很长时间。

表扬孩子是必要的，只不过赏识也应该要有度，不能过分地赏识。

马斯洛说人有满足自我的需要，然而赏识就是满足自我的最大途径了。一个没有经历过任何赏识的孩子，心理就是不健全的，这样的孩子很容易自卑怯懦，长大之后也很少有勇气去面对自己想要做的事情，成功的概率自然也会很低。

当然，赏识孩子并不是一件容易的事情，赏识得不够、赏识得过多，都会对孩子内心产生不良的影响。对孩子的赏识是一种教育的艺术，作为父母要根据自己孩子的特点及心理，遵循一定的赏识原则才能够让孩子在赏识教育中受益。

首先，赞赏要及时。如果孩子做了一件好事，或者取得了小小的成功，父母要及时给予肯定，及时的赏识可以强化他的记忆和感受。

其次，要根据具体的事物进行赏识和表扬。一些不符合孩子内心的空表扬，对孩子来说并没有什么效果，所以表扬一定要很具体，让孩子知道自己为什么要受到表扬。比如孩子帮助老人拿东西，妈妈夸奖说"宝宝今天真乖"，孩子可能不会有什么感觉。如果妈妈说"宝宝今天帮助老奶奶拿了东西，做得真好"，孩子就会觉得自己得到了肯定，也会很高兴。

最后，要发自内心的表扬孩子。如果爸爸妈妈对孩子的表扬并不是发自内心的，那么这样的表扬就是虚伪的，孩子也不会觉得这些表扬有什么意义。赏识是一种交流，如果用假惺惺的话来哄孩子，那孩子也不会相信的。所以在赞赏孩子的时候一定要发自真心，让孩子感受到你的真诚。

赞美孩子从一言一行开始

情商是近些年来心理学家们提出的与智商相对应的概念，它主要指的就是人在情绪、情感、意志等方面的品质。一个情商高的人能够很客观很全面的认识自我，并且能够成为自己的主宰。认识自我，也就是通常所说的"自知"。能够自知的人就能够很正确地认识自己，并且能够客观地评价自己，不会被别人的评价所左右。

心理学家们根据研究表明，6 岁以前的儿童正处于构建自我的重要阶段，这个阶段的儿童，需要通过外界对他的评价来认知自己。所以这些孩子对外界的评价很敏感，如果他从小收到的信息是客观中肯、包容接纳的，那么这个孩子就能够很正确地认识和评价自己。

对孩子不能不夸，也不能盲目地夸，家长鼓励孩子的目的就在于要让孩子能够正确地认识自己，接纳自己。孩子的自信是建立在成就感的基础之上，而并不是建立在空洞的表扬之上。所以家长不需要过度地表扬孩子，否则会让孩子依赖于表扬，产生自大或者自卑的心理情绪。表扬不仅要适度，更要合情合理。

有一位教育专家曾经讲过这样一个案例：

有一个 8 岁孩子的妈妈问："孩子每做一件事情都要得到我的表扬，如果我没有表扬他，他就会大发雷霆。这是为什么呀？"

我问她："是不是表扬太多的缘故？"她说："是的，以前我批评得多，后来我发现这样不好，为了让他建立自信，给他的表扬就比较多了。现在他时刻关注我的情绪，如果我高兴，他就开心；如果我的情绪不太好，他就会暴躁。"

我跟这位妈妈说："这说明孩子不能正确认识和评价自己，他的情绪都建立在你的情绪基础上。他的内心不自信，所以他需要获得别人的表扬来证实自己。你以前批评多，后来表扬多，两者都不对，走了两个极端。"

那位妈妈问："那我该怎么办呢？"我说："你要减少对孩子的评价，更不要对孩子进行主观的评价。外界的评价尤其是不客观的评价过多，孩子将会失去自我评价的能力。你的孩子就在逐渐失去自我评价的能力，所以他必须要你表扬他，才能证实自己。"

那是不是就不能夸孩子了呢？当然也不是，夸孩子是给孩子积极的回应，孩子需要父母的认可、肯定和鼓励，并且通过父母给他的积极回应来认识自己。

怎样夸奖孩子的效果才是最好的呢？

首先，不能将"夸奖"当成孩子前进的动力。这就要求家长观察孩子做事情的动力，是为了获得夸奖，还是从内心当中自发自愿的呢？另外，夸奖孩子一定要在事后，而不要在事前，很多家长都喜欢用夸奖的方式去引诱孩子做某些他不愿意做的事情，比如说孩子不太愿意画画，妈妈说："妈妈觉得你的画画得很好，来给妈妈画一张吧。"父母这样的方式影响了孩子的精神自由，孩子能够感觉到，家长试图在左右他。

而孩子事前需要的是鼓励，而不是夸奖。明明刚开始学习滑轮的时候，掌握不了平衡，摔倒过很多次，有一次他气坏了，哭着说："我不要这双滑轮鞋子了，我怎么老是摔倒呢。"妈妈很平和地对他说："学习滑轮是一件比较困难的事情，很难掌握平衡。但是我相信，如果你练习了很多次之后，总有一天是可以学会的。"在妈妈的勇敢鼓励之下，明明不断地跌倒，然后又不断地爬起来，不到一个星期之后就学会了。

其次，要让孩子感受到，无论是夸奖还是赞美，是真心的赞赏而不是虚假的敷衍，这一点很重要。夸奖，应该是真实的，客观的，既不能夸大也不能缩小。比如说明明在滑轮的时候摔倒了，如果家长还鼓励他说"你滑得挺好的"，这样名不副实的夸奖只会让孩子觉得大人的话是虚假的，不值得信赖的。

最后，夸奖必须是具体的，要用平实的语言来描述孩子做得好的事情，不要用"你真棒""你真聪明"这样泛泛的语言来夸奖孩子。当孩子能够独立地做好一件事情之后，他的成就感足可以让他获得最大的满足，他的内心充满着喜悦与自信，这是对他最大的肯定与表扬了。

维护尊严，尽量私下批评他

教育家洛克说："父母越不宣扬子女的过错，子女对自己的名誉就越看重，因而会更小心地维护别人对自己的好评。如果父母当众宣布他们的过失，使他们无地自容，他们就会觉得自己的名誉已受到打击，维护自己名誉的心思也就越淡薄。"

每个孩子都是活生生的生命个体，他们不仅仅满足于被爱，被保护，他们更渴求得到尊重和理解。但是，总有些家长喜欢当众给孩子"揭短"，越是人多的时候，就越是要批评他。

妈妈和客人正在客厅聊天，婧芸拿着试卷走上前来。"又考那么低！看看这分数！还好意思拿到我面前，真丢人！"妈妈抖着哗哗作响的试卷，像在寻求客人的同情。客人略显尴尬。

看着婧芸没有动静，妈妈更加生气："我说错了吗？她一直都这样，我看是改不了了！我也不报什么希望了！"妈妈气愤失望的表情让婧芸无地自容。"孩子小，一两次考得不好是正常的情况，别这么说孩子。"面对客人的担忧，妈妈仍然"不解恨"地说："小孩子不说她就不懂，非得我来骂她两句！"

有的妈妈总是喜欢在众人面前批评自己的孩子，因为这可以让其他人在"无意中"看到自己做妈妈的"权威"，从而令自己"有面子"。但是，这种当众揭孩子的短的做法，虽然成全了妈妈的这种自私心理，却极大地损伤了孩子的尊严，让孩子觉得无地自容，脸上无光而羞于见人，无形中不良刺激强化了孩子的弱点。

其实，孩子的面子比大人的面子更重要，而且孩子越大，自尊心就越强。而且，孩子每一个行为都是有原因的，也许这些原因在成人看来是微不足道的，但在孩子的眼里那是很严重的事情，不了解原因当众批评孩子，非但不能解决问题，反而会使问题变得更糟，令孩子产生逆反抵触情绪，继而与家长产生深深的隔阂。

一个教育专家在和家长谈论对孩子的教育问题。

妈妈带着孩子来找这位教育专家，见到之后，跟孩子讲："问叔叔好。"

孩子很懂礼貌地和这位专家问好。

妈妈接着开门见山地当着孩子的面问这位教育专家："您说，我的这个孩子怎么老是比别人反应慢呢？"

教育专家示意家长不要当着孩子问这样的问题，故意把话题岔开了，但是家长并没有意识到。

等到把孩子支走之后，教育专家对这位妈妈说："大姐，我跟你说实话啊，不要在孩子面前评论他。这样还能指望他变聪明吗？"

其实，有的妈妈也明白孩子的自尊心非常敏感，不能伤害。但是有时候看到孩子还是老样子，就忍不住怒火攻心，恶语相向了。怎样避免这种情况呢？很简单，当你觉得自己在气头上的时候，就忍住怒气，离开孩子。当你有意识地躲避孩子，就会少说很多令他伤心的话。这也是一个无可奈何的解决方法。

在家庭教育中，教育者的心态和教育的出发点直接影响着教育结果。因此，不要因为他是你的孩子，就蛮横地在众人面前使他的缺点一览无余，或是因为无法掩饰你愤怒的情绪，无辜地伤害孩子。孩子的自尊心有时是透明的玻璃物，碎了就很难黏合起来，伤害是永远的。爱孩子，就要真正地为他着想，停下嘴中的不满，尤其在众人面前。即使孩子在众人面前犯了错误，妈妈也要先维护住孩子的"面子"，等到没有人的时候，在私下里心平气和地指出孩子错误的行为。这既保全了孩子的自尊，也会让孩子更容易认识到自己的错误，接受妈妈的批评。

不妨让孩子尝尝后果

18 世纪法国教育家卢梭认为："儿童所受到的惩罚，只应是他的过失所招来的自然后果。"这就是卢梭的自然惩罚法则，是世界教育史上的一个里程碑。

所谓自然惩罚法则，就是让孩子学会为自己的行为负责，让他尝一尝"自作自受"的滋味，强化痛苦体验，从而吸取教训，改正错误。例如，孩子不爱惜家里的东西，总是会弄坏一些东西，一次他把吃饭坐的椅子弄坏了，那么家长就不妨毫不留情地让他连续几天站着吃饭。简而言之，自然惩罚法则的关键就是让孩子感到受惩罚是自作自受，是应该受惩罚的。

一个孩子很任性，动不动就摔东西来表示自己的"抗议"。一天，因为妈妈没给他买他想吃的东西，他就把一件新玩具摔坏了，把一本书撕烂了。妈妈更是"强硬"，马上宣布一个月之内不再给他买新玩具和书，一个月后若他还没有改正的行为则继续延长惩罚时间。

英国教育家斯宾塞曾断言："真有教育意义和真正有益健康的后果，并不是家长们自封为'自然'代理人所给予的，而是'自然'本身所给予的。"自然惩罚实际上是自然后果带给孩子的惩罚，这种教育方法可以很好地避免孩子任性和依赖。

让孩子接受自然惩罚有三点好处：

首先，它是完全公正的。几乎每个孩子在受到自然惩罚时，都不会感到委屈，因为那是他自己造成的；如果受到人为惩罚，孩子们多少会有委屈感，因为人为惩罚常常会被放大。一个不爱护衣服的孩子把衣服弄脏，按自然惩罚的原则，只是让他接受洗衣服的苦头，而孩子则会把这里的原因归结为自己的不小心。相反，如果大人去责骂、体罚孩子，孩子则会觉得不公。

其次，它可以使孩子和父母避免冲突、减少愤怒。但凡认为惩罚、责骂孩子，父母和孩子往往都会生气、愤怒。但是在自然惩罚下，亲子关系因为比较亲切、理性而会联系得更紧密，亲子关系不会受到任何影响。

再次，它可以明确孩子的是非观念，强化孩子的责任心。责任心是一个人在社会中发展必不可少的品质，是孩子健康成长的基石。从小就有责任心的孩子，长大了才能对自己所做的任何事情负责任，才会成为一个站得正、行得端的堂堂正正的人。

不过，让孩子接受自然惩罚，妈妈必须明确的一件事——惩罚不是体罚。这也就是说，当孩子做出过失行为并造成自然后果时，你需要分析这种自然后果是否会伤害孩子的身体健康。如果这种后果已经对孩子的身体健康造成伤害，那么就会失去教育作用。

当孩子做出一种行为时，妈妈可以帮助孩子分析这种行为可能产生的后果并告诉他。如果孩子坚持做出这种行为并产生不良后果时，妈妈不必给孩子讲道理，让孩子顺其自然地接受后果，自己去处理他造成的烂摊子。但是，在孩子处理自己的烂摊子时，妈妈在一旁冷眼旁观即可，而不能添油加醋地嘲讽，否则就不利于孩子正视自己的行为，甚至还会变本加厉地重复错误的行为。

每个孩子都有不同的个性特征，在实施自然惩罚时，妈妈还是应该有所区别。比如有的孩子对自然惩罚满不在乎，抱一种无所谓的态度：玩具坏了不给买，我不玩；衣服撕破了不给换，我就穿破的。如果是这类孩子，那么自然惩罚对他是产生不了刺激作用的，所以妈妈也没有必要采用这种教育方法，而应当换另外一种行之有效的办法。

父母对孩子夸奖与批评都不能少

美国的心理学家和教育学家认为，赞美与提高自尊并没有必然的联系，不实的夸奖和赞美非但不能提高孩子的自尊，反而会使孩子对自己的能力产生怀疑。在赞美环境中长大的孩子与遭受过批评的孩子相比，更难承受批评和挫折。而当一个人走向社会独立生活的时候，周边的人是不会再像对待小孩子一般对待他的。

一棵小树长成栋梁之材，少不了剪枝，更何况人的成长。

中国青少年研究中心有关专家多次指出，用鼓励的方式培养孩子的自信固然是一种方式，但教育的方式是多种多样的，我们在提倡表扬、奖励和赏识的同时，不应当忽视批评和惩罚在教育中的积极作用。他强调，批评和惩罚绝不等于体罚，更不是伤害，不是心理虐待，不是让孩子难堪。惩罚的一个根本出发点是让孩子为自己的过失负责。

教育孩子是一个复杂的系统工程，夸奖和批评是教育的两翼，我们不能将它们割裂开来，孤立地偏重哪一方面，或是摒弃哪一方面。一味地批评不可取，一味地夸奖也会带来负面的影响。我们应该针对学生的实际，灵活运用夸奖与批评这两种方法，使孩子真正走向成功。

十五个表扬孩子的科学方法

一个孩子的健康成长，是每一位父母内心的期盼。当孩子做对事情时，表扬是不可少的，但当孩子做错事情时，批评也不可避免。父母最高级的炫富，是教出一个有教养的孩子。

1. 表扬要具体：准确描述孩子做得好的地方，让他知道自己因为做了什么得到表扬，怎么做能够得到肯定。

2. 表扬重过程：让孩子知道，整件事情中自己哪里做得好，应该发扬，哪里没做好，需要改善。

3. 表扬应衷心：不要随便说一句"你真棒"，要选择合适的时间和场合，让孩子感受到你发自内心的认可。

4. 表扬重努力：当孩子取得进步时，表扬他很努力，而不是很聪明，他就知道通过努力能够取得好成绩。

5. 表扬要互动：表扬孩子时要用温暖惊喜的目光注视着他，或者说一说孩子之前的表现，让他感受到自己的进步。

6. 表扬要及时：在孩子最需要被肯定的时候，一个及时的表扬让他充满自信，动力满满。

7. 表扬其态度：认可孩子自觉学习、认真读书、积极做好一件事的态度，比只看到结果更重要。

8. 表扬其付出：肯定孩子的付出，孩子就不会因为没有好结果而失落，反而更加努力。

9. 表扬其坚持：鼓励孩子坚持下去，不要给他太大压力，父母的认可会激发孩子的毅力。

10. 表扬重品质：肯定孩子用心努力得到的成果，而不要表扬孩子贪多求快乱做的结果。

11. 表扬"第一次"：孩子的"第一次"勇于尝试最需要肯定，无论结果如何，认可孩子的勇气，孩子就会勇于挑战。

12. 表扬要守信：家长的表扬不能食言，说到做到，该表扬就表扬，孩子以后就不会敷衍家长。

13. 表扬合作力：如果孩子和小伙伴一起合作并取得成功，就要肯定他的合作力、沟通力，帮助孩子融入团队。

14. 表扬重精神：物质表扬会惯坏孩子，精神层面的表扬让孩子感受到被认可，更好地塑造价值观。

15. 表扬要特殊：自卑的孩子要多关注，敏感的孩子要多肯定，调皮的孩子要发现优点……

八个批评孩子的科学方法

1. 允许孩子解释：偏听则暗，兼听则明，不能听信某一方的指责，要允许孩子自己解释。家长保持中立，客观评价孩子是否做错，为什么做错。

2. 学会换位思考：家长要换位思考，理解孩子这么做的目的，找准批评的切入点。并且让孩子换位思考，"假设你是那个人，你会有什么感受，这么做到底对不对"。

3. 首先自我批评：批评孩子前，家长先进行自我批评，放低身段，迅速拉近跟孩子的关系。家长的自我批评，也能让孩子学会自我反思。

4. 只对事不对人：孩子做错了或者没做好，家长第一反应不是责骂，而是指导。就事论事，让孩子明白为什么不能这么做，这么做会有什么后果。

5. 教会孩子改错不能盲目地批评，要通过科学的方法让孩子意识到错误，并且找到改错的方法。利用批评再给孩子上一课，是批评的意义所在。

6. 选择恰当的时机：不能在孩子起床时、睡觉前、吃饭时、生病时批评他，这会直接影响他的身心健康。最好和孩子坐下来平静交流，父母可以对孩子提要求，孩子也可以对父母提意见。

7. 采用和善的态度：批评孩子≠骂孩子，父母更不能向孩子宣泄情绪，应该简明扼要地指出错误，然后再教育。也不要动不动就翻旧账，让孩子抵触认错，不服管教。

8. 尊重孩子的自尊：别当着外人面批评孩子，更不要在孩子的同学、老师面前对他又打又骂。不只大人需要被尊重，孩子同样需要被尊重，孩子的内心比我们想象的更加脆弱敏感。

十个惩罚孩子的科学方法

1. 练字：练字是一种比较枯燥的学习，但能够让孩子平静下来，反思自己。等孩子练好字了，家长也恢复平静了，这时候就可以心平气和地交流。

2. 弥补：孩子弄脏了地面，就让他拿小扫帚小拖布去清理，赖床耽误了时间，就让他多背几首古诗。让孩子学会对自己的行为负责，胜过一切打骂。

3. 面壁思过：家长长时间的冷落会让孩子难受，从而开始反思自己是否真的做错。如果孩子不配合，家长可以稍微拉长面壁时间，直到孩子承认错误再跟他讲道理。

4. 改变声调：父母直接指责孩子，孩子一定会反抗，这时就应该改变语气，"太可惜了，因为你一直没做作业，就失去一次和小伙伴玩的机会"。当孩子意识到做作业就能跟小伙伴玩，他会避免下一次不做作业带来的不愉快的后果。

5. 帮忙做家务：孩子犯错后，家长可以罚他做一些他不爱做的家务，如收拾房间、洗衣服等等。既能够锻炼他的动手能力，又能培养他的责任心和家庭参与感。

6. 暂停某些权利：比如说，不让孩子玩玩具，不允许孩子到同学家做客，限制孩子玩手机的时长等等。告诉他，正因为他做错了才会有这样的后果，当他表现好的时候就能恢复权利。

7. 减少亲密行为：在惩罚孩子的过程中，不跟孩子拥抱，不对孩子爱抚，不再用温柔的语气聊天。让孩子知道，犯错后会失去父母的关心与爱护，以后就要避免犯错。

8. 拟定家庭公约：在相互尊重的前提下，拟定一份家长和孩子都要遵守的家庭公约，规定哪些事能做，哪些事不能做。家长和孩子要互相监督，利用家庭公约培养良好习惯。

9. 家人口径一致：父母说法不一，或祖辈宠溺孩子，都会导致对孩子的批评和惩罚大打折扣。只有当家庭教育保持一致，父母的管教才会发挥作用。

10. 自然承担后果法：如果孩子已经体验到做错事情的后果，那就让他自己承担，不要心疼孩子。当孩子能够从这件事情中吸取经验教训，自然就学好了。

父母对孩子应正确管教

很多父母都纠结过一个问题：到底要不要管教孩子？

现在的家庭很多都是独生子女，孩子不仅享受着来自于父母的爱，还享受着姥姥、姥爷、爷爷、奶奶的爱，真的是捧在手里怕掉了，含在嘴里怕化了。因此当孩子做错事情时，不知道到底该不该管？管了，怕孩子哭鼻子，不管，怕孩子学坏。

但是，管教孩子不是孩子只要做对事就大肆的表扬，孩子做错事就不分青红皂白的对孩子一顿臭骂。管教要讲究方法，这个世界上没有天生就有问题的孩子，只有有问题的教育方法。

作为父母，我们一定要明白：孩子总有一天会独自去面对这个世界，他们不能一直生活在父母的保护之下，如果现在对孩子太仁慈，那么未来孩子将无法承受来自于社会的打压。教育孩子，小时候要狠管，长大后给他翅膀。父母要指导孩子做正确的事情，不能因为心疼孩子而放任自由。爱孩子和立规矩，从来不是一道单选题。

教育孩子光靠爱是不够的，父母温柔且坚定的管教，潜移默化地改变了孩子的人生走向。

父母对孩子的表扬和批评要确保有节有度

在表扬孩子这个问题上，家长或多或少都有一些误区。很多家长怕一表扬孩子，孩子就骄傲自满，从此不再努力而荒废学业。在这种心理的支配下，绝大多数家长在该表扬孩子的时候，三缄其口，这样做的结果，是孩子失去了把对的事情继续做下去的热情，也失去了把已取得的成绩发扬光大的动力。其实，骄傲自满的心理状态，是源于无知，而不是表扬。当孩子不知道还有更广阔的天地，把自己的知识、能力和水平当成顶峰了，以为到达终点了。这深层的原因是孩子在内心里选的参照标准比较低，他专门跟比他差的人进行比较，因此得出了自己比所有人都强的错误结论。遇到这种情况，说明家长需要做另外动作，就是要让孩子知道人外有人天外有天，进而拓展孩子的知识面。

表扬是把孩子的动力给激发出来，我们不能因为激发孩子的动力可能伴随有孩子不知深浅而骄傲自满，就放弃表扬而让孩子失掉动力。正确的做法是，学会正确的表扬，使孩子产生动力；同时再用鼓励、确认等其他手段使孩子认识到学习无止境而保持谦虚谨慎的学习态度。应该讲，绝大多数家长都不会表扬，而是无原则的夸大其词地乱说一顿。有一位母亲问教育专家董博士："董博士，你说的道理我都承认，可是这'表扬'不行。我儿子就是不能表扬，我一表扬他，他就找不着北。"董博士让她把儿子领来，当着董博士的面来表扬孩子。这位母亲是这样表扬孩子的："哎呀！儿子，你太厉害了，你比你爸厉害，你比我厉害，你们班级你最厉害，全世界你最厉害了！"董博士当时就忍不住笑了，对那位母亲说："你怎么知道你儿子是全世界最厉害的？你这纯属是胡说八道。"像这样的无原则地瞎说，自然会让孩子产生错觉，以为自己真的是全世界最厉害的了。

正确的表扬根本就不会使孩子骄傲自满。只有学会了正确的表扬，我们才能既鼓舞起孩子的动力又不至于使孩子骄傲自满。为此，我们要做到以下几点。

把目光盯在孩子的优点上。我们传统的教育理念是教育者把目光盯在被教育者的缺点上，把力气使在改掉孩子的缺点上。这种理论的前提假设是：只要改掉了缺点，就只剩下优点了。这种教育思想是极端错误的，它没有看到孩子身上，一切都是处在生成阶段。如果我们家长把目光盯在孩子的所谓缺点上，就让孩子意识到他是那么的差，因为此时他的优点还没有产生，这样就不可避免地让孩子感觉他是劣等的，他的自我价值会降到最低点，产生强烈的自卑感。人在强烈的自卑感的控制下，他的表现会极端畏缩，他的潜能处于被埋没的状态。在心理学上，有所谓确认放大原理，当我们把目光盯在哪点上，被盯的那点就会放大。家长的目光就像阳光一样，孩子的优点和缺点就像埋在土里的种子一样。当我们家长的目光盯在孩子的优点上，就像阳光照在优点的种子上，使优点的种子发芽成长；反之，家长的目光盯在孩子的缺点上，就像阳光盯在缺点的种子上，使缺点的种子发芽成长。当家长目光盯在孩子的优点上，孩子感觉到了自己存在的价值。当孩子有了自我价值，他成长的生命火焰被点燃了，他会产生出自我完善的欲望，会让自己表现得更好。

表扬＝陈述事实＋确认事实的可贵性＋表达感受＋表达期望＋身体接触。表扬是让孩子继续努力的有效手段，必须做对才能收到预期效果。完整的表扬必须按程序做对每一步。

1. 陈述事实。即孩子做对了什么事情，家长要明确地告诉孩子，他什么地方做对了，什么行为被肯定和欣赏。这样做的结果是，孩子知道自己因为什么被表扬，他下次可以继续做下去。赵雨在小时候她的母亲是这样教育她的：就拿学自行车这事说吧，一开始她连车都推不稳，怎么办呢？我就让她天天推一推，慢慢地敢推了，妈妈夸她进步不小；后来就叫她学跨车，开始时她不敢，怕摔着，妈妈给她扶几次，渐渐地她敢跨着走了；跨了好几天就是不敢骑，还是怕摔倒。妈妈说："学骑车哪有不摔跤的？不摔着哪能学会骑车，我当时学骑车，不知摔过多少次呢！"说着，让她看了下腿上的伤疤，这下她真的有勇气想试试，可没走两步就摔倒了，妈妈给她扶起，她又骑上，一次又一次地摔倒，一次又一次地爬起，终于有一天骑上不倒了。过了几个星期，即使妈妈坐在后面，赵雨也能带着妈妈骑了。在学习上，每当赵雨遇到困难，妈妈常拿学骑车这件事鼓励她、开导她、干什么事都要有信心，从易到难，循序渐进，最后总能解决一切困难。题做错了？没关系，重新再来。妈妈上学时也常遇到这种问题，只要有信心，有恒心，没有过不去的关口。她也真争气，每次考试都很好。别的家长问妈妈的秘诀何在，妈妈毫不保留地说："当孩子有主动进取心时，家长要不断地表扬和鼓励，相信她自己能做，而且一定能做得更好。"

2. 确认事实的可贵性。即让孩子知道家长为什么要表扬他，让他知道被表扬的真实理由，知道自己行为的真实尺度，从而对自己行为有一个正确的评估，产生自豪感。孩子做对了什么事情，家长要明确地告诉孩子，他什么地方做对了，什么行为被肯定和欣赏。这样做的结果是，孩子知道自己因为什么被表扬，他下次可以继续做下去。

3. 表达感受。家长一定要表达为孩子高兴的感受。这种为孩子取得成绩而替孩子高兴的感受，是一股巨大的推动力，使孩子会继续把事情做下去。这里的关键是家长为孩子高兴，而不是家长自己高兴。家长为孩子高兴，表明良好的行为和成绩是孩子自己的事情，家长只是替孩子高兴，家长是旁观者。而家长自己高兴，传达了一个信息：孩子取得好成绩，家长就高兴，那么如果孩子不能取得好成绩，家长就不高兴。家长无形中把自己牵扯进去了，家长成了孩子学习的当事人，孩子的学习是为了家长，这就给孩子造成了巨大压力。

4. 表达愿望。即家长表达完为孩子取得好成绩而高兴的感受之后，还要表达新的期望。实质是告诉孩子，学习无止境，他还得继续努力，同时也表达了家长对孩子学习潜力的信任。这里的关键是家长要表达宏观的期望，"我相信你以后会做得更好！"确认孩子的优点、表扬孩子的成绩，是教育孩子的根本性宗旨。在一个人生命早期，他无法弄清楚成年人世界会如何评价自己做出的行为。而他首先要得到成年人的确认，第一个就是渴望得到父母的确认。孩子今天数学作业 10 道题做对了 9 道，1 道做错了；写了满篇的字只有 3 个字写得好，剩下的其他字写得很糟。在面对孩子的成绩时，你如何反应？90% 的家长的注意力集中在孩子没做好的部分："那道题怎么没做上呢？""你看你写的东西，一天你干嘛了？你怎么写不好呢？"当孩子已经尽了最大的努力，我们却因为他不完美而批评他，下次也许连这次的成绩都不如。我们专盯在孩子做错了的事情上，固执地认为，我指出你的缺点，下次你会做好的。真实的逻辑是完全相反的。真实逻辑是：今天孩子写 100 个字，只有 3 个字写好了，我们要把眼睛只盯在这 3 个字上："儿子，这几个字你能写得这么好！妈妈太高兴了。"那 97 个字，闭上眼只当作没看见，孩子的心理是"我写好了 3 个字，能让妈妈高兴！"马上有了上推力，下次他会写出 4 个、5 个、6 个，你不断地表扬，最后孩子也练出了一手好字。表扬孩子就是把孩子推向你希望的方向。如果你将孩子推向和你希望相反的方向，那么你在亲手毁了孩子的前程。给孩子以正推力，就要通过他做的事，把好的事情重复放大，反复放大，通过不断确认，最后表扬他做好的事情。

5. 身体接触。家长如果能够抱孩子或拍打肩膀或抚摸孩子的头发，会让孩子直接感受到家长所传达的力量，效果会倍增。我们知道表扬的目的是让孩子有向上的动力。身体接触，会让孩子直接感受到家长所传达的力量。人是一种奇妙的动物，身体的接触会比语言更准确地表达内心的感受。很多家长，随着孩子一天天长大，与孩子的关系也越来越疏远冷淡，很少与孩子有身体接触。甚至，连温柔体贴的话都不说了，最后剩下的只是苛责、埋怨与批评。

在这种关系状态下，孩子的动力已经丧失殆尽。在我们中国的传统家庭教育中，父母和孩子间的亲密举动在孩子七八岁前还可以，抱抱孩子、摸摸头。孩子七八岁以后不再做动作，只能从说话上体现出感情，等到成年后连动感情的话也不说了，直接说很平淡的话："爸，你来了，妈，你吃了吗?"要把亲子关系变成美的关系、高尚的关系！如果孩子有了成就，父母为孩子感到自豪应该表达出来。主动精神就是激励出来的！不断沿一个方向确认激励出来的。再重温一下马迪·金的诗句："如果你在我乐意的时候，让我试试，而不是把我推在前面或挡在后面!"激励孩子去奋斗是真正教育孩子的手段！

家长们要记住，要想让孩子改变，那么家长必须先改变。作为家长，我们要先突破自我的局限，做出相应的动作，我们才能指望孩子有优秀的表现。

再者就是关于对孩子批评的把握，当孩子犯了一次性的错误，并且是明知故犯的情况下，家长可以使用批评这个工具。但是孩子身上的缺点毛病是稳定的，已经形成了习惯，用批评这个工具是不好用的，而且会越批孩子的毛病越改不掉。事实上，很多家长就是用批评把孩子的缺点毛病给固定下来。在教育孩子的问题上，批评是一个不好用的工具，必须经过系统训练才能使用。

要想熟练地掌握批评的使用方法，就应该遵循以下几点：

适用批评的场合。对于孩子的行为，应该说犯错误是常态，把事情做对是特例。如果孩子事先没有被教导或没有被警告，那么他做了在我们成年人看来是所谓的错事，是不应该被指责的。因为他不知道什么是错误，那么你批评他，他会不服而产生逆反心理，以后你正确的话他也听不进去了；或者把他给批傻了，下次什么也不敢做了，变得唯唯诺诺，自卑怯懦。所以对孩子进行批评的场合是：孩子对其所犯的错误是明知故犯；该错误行为是初犯，还没有形成稳定的习惯。如果形成了稳定的坏习惯，批评这个工具就失效了，并且会越批越严重。

批评的矛头只能针对行为而不是指向人本身，这样才可能收到预期的效果。比如我们可以批评孩子不应该做出撒谎的行为，而不能说孩子因此就是一个撒谎的人，我们必须了解这两者有本质的区别。当我们批评孩子的行为时，那意味着只要他不再做此行为就可以了，他还可以成为一个诚实的孩子；而当我们说孩子是撒谎的人时，那就意味着今后他无论怎样做都没有用了，都无法成为一个诚实的人了。这等于给他判了死刑，使他感觉彻底没希望了。并且当我们破坏性地批评孩子时，扼杀的是孩子精神人格，伤害的是孩子的自尊和自信，贬损的是他的自我价值，使他失去改掉缺点把事情做好的动力。

批评＝陈述事实+确认可罚性+表达感受+保住孩子的自我价值+表达期望。我们批评孩子的目的是让孩子改掉缺点，以后不再重犯，并且能够做对的事情。为了达到这个目的，我们就必须把批评的步骤都做对，才能收到预期的效果。要想是一次有效的批评，必须做到：

1. 陈述事实。就是说要直接告诉孩子他做错了什么事情，把他做错的事情说清楚，这是批评他的前提。

2. 确认可罚性。这是告诉孩子为什么要批评他，确认错误的严重性和对孩子以及别人的伤害性，给出批评的理由。

3. 表达感受。主要是表达痛苦与愤怒的感受，这是要告诉孩子他的行为，使你感到非常痛心，由此让孩子感到痛苦，让他把他的错误行为与痛苦连接在一起。

4. 保住孩子的自我价值。这是说让孩子认识到，虽然他的行为错了，但是你依然认为他是一个好孩子，并没有因为他犯了一个错误，就改变了你对他的看法。在你心中，他的行为虽然出了错误，但是他还是个好人。这样他才有改变缺点和错误的动力。

5. 表达期望。告诉孩子，尽管他犯了错误，但是你依然对他有信心，并且还期望他能够好起来。这是他往好的方向发展的动力和源泉。例：如果你的孩子是下午5点钟放学，孩子7点半才回家，在5点10分时老师就来电话告诉你说孩子5点钟就放学了，7点10分时网吧的老板打来电话说你的孩子还欠他十元钱。也就是说你已经知道孩子到什么地方去了。他回来后，你问他干什么去了，他撒谎说老师补课了。这样你怎样去批评他呢？这时你应该盯着他的眼睛，愤怒地问他："老师真的补课了吗？"然后没等他回答就直接告诉他："老师5点10分打电话来说你们5点钟就放学了；而网吧老板 7 点 10 分打来电话，说你还欠人家 10 块钱。你竟然撒谎说老师补课了，你怎么能这么做呢？你要知道撒谎是人最恶劣的行为，是一个人灾难的根源。我一直对你诚实，而你却跟我撒谎，你太让我伤心了！你自己好好想想，你这么做对吗？好了，尽管你这次撒谎了，我依然还相信你是一个诚实的孩子，你下次不会再做这样的事了，对吗？只要你以后不再撒谎，那我们就忘了这件事吧。"

不当众批评孩子。如果想摧毁一个孩子的自尊心，你只要当众批评他的缺点，让他没有反驳的机会，一下子就大功告成了！大多的时候，孩子不听话，在人前屡屡造次，我们家长感觉伤了自尊，就大声呵斥孩子。我们传统的教育理念认为这是正常的。殊不知，当众批评只能让孩子暂时慑于压力，不敢抵抗。更严重的是会挫伤孩子的自尊心。恶言恶语不用多一次就够了，一下子就可以把孩子幼小的心灵给伤害了！所以，家长在教育过程中要绝对避免当众批评孩子。

不能破坏性批评孩子。破坏性批评是对孩子自尊心无情剥夺。当孩子做错了事情，家长希望通过批评来使孩子改掉缺点，我们把他批评孩子的行为看作一个作用力。当这个作用力打在孩子的行为上，即你的批评针对的是他的行为，孩子会朝你希望的方向去发展。反之，这个作用力打在孩子的人格价值上，即你攻击的是孩子作为人的价值，将使孩子觉得自己没有尊严没有价值，逐渐真的丧失自尊和价值。

今天孩子没有认真做完作业。你对他进行指责："你怎么这么不爱学习！你就是一个没毅力的孩子！……"你在直接攻击他的人格，他只是一次不认真，你一句话他就变成一个没毅力的孩子了！孩子的头脑中留下这样的信息："妈妈说我是个不认真、没毅力、不爱学习的孩子。"这些对孩子人格的否定评价将存留在孩子的潜意识里，形成负面的心理。而另一方面，他会想"我都学习了那么长时间，只玩了一会儿……"他会找出一大堆的理由，你的批评根本没有起到让他认识到错误的作用。

如果你的孩子有逆反心理，那么你的孩子还有救。因为这表明，他还有自尊心，你伤害他的自尊，他就拿起这块盾牌来和你对抗。就好像人在打架时急了眼，不管是扫帚还是刀子，拿来就用。我们的孩子的反应也是同样道理，他不管你说的道理对错，随时准备还击。

当孩子一旦放弃了对抗："反正你认定我是个撒谎的孩子，那我就撒谎！"说明自尊心已经被伤透了，彻底破罐破摔。没有了自尊心的孩子你已经无法透过语言的方式来校正他的行为。我们看到有多少父母，他们辛辛苦苦把孩子的自尊心破坏掉，然后又怨天尤人："他怎么就成了这样的人呢?"难道这样还不足以引起家长们的警醒吗！